ENTREPRISE DE VENTES EN ITALIE

DE

Jules Sambon

Corso Vittorio Emanuele — **MILAN** — Corso Vittorio Emanuele, 37

VENTE

DES

COLLECTIONS

DE FEU

M.ⁱ le Chev. **DAMIANO MUONI**

AUTOGRAPHES, MANUSCRITS

GRAVURES, LIVRES, MONNAIES, MÉDAILLES

OBJETS ANTIQUES, ETC.

I.ᵉʳᵉ PARTIE

CATALOGUE

DES

AUTOGRAPHES, MANUSCRITS, PARCHEMINS, PORTRAITS

DESSINS, GRAVURES, LIVRES

MILAN

IMPRIMERIE F. MANINI-WIGET

Rue Durini, 31.

XXVI Année (1903).   N. 205.

ENTREPRISE DE VENTES EN ITALIE

DE

Jules Sambon

37, Corso Vittorio Emanuele — **MILAN** — Corso Vittorio Emanuele, 37

VENTE

DES

COLLECTIONS

DE FEU

M.ᵉ le Chev. **DAMIANO MUONI**

AUTOGRAPHES, MANUSCRITS

GRAVURES, LIVRES, MONNAIES, MÉDAILLES

OBJETS ANTIQUES, ETC.

I.ᵉʳᵉ PARTIE

CATALOGUE

DES

AUTOGRAPHES, MANUSCRITS, PARCHEMINS, PORTRAITS

DESSINS, GRAVURES, LIVRES

La vente aux enchères aura lieu dans les Salles de l'Entreprise de Ventes

à **MILAN**

37, Corso Vittorio Emanuele, 37

le 1ᵉʳ Juin 1903 et jours suivants à 2 h. (14) précises

EXPOSITIONS: Samedi 30 et Dimanche 31 Mai 1903

de 11 h. à 16 h.

Milano — Tipografia F. Manini-Wiget

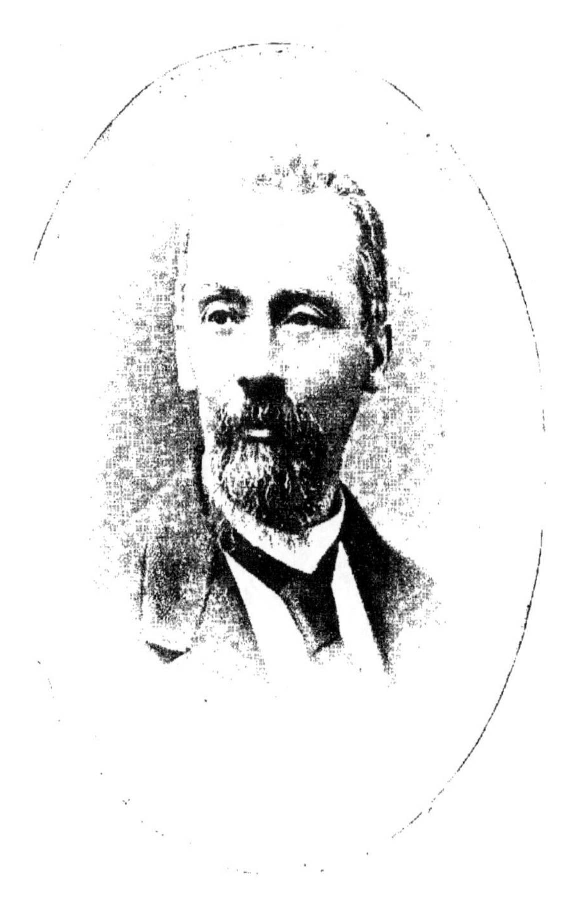

Monsieur le Chevalier Damiano Muoni naquit à Antignate (petite ville près de Bergame) le 11 août 1820, du Jurisconsulte D.r Jean Pierre et de sa noble épouse Joséphine Torriani de Mendrisio. La famille Muoni (anciennement, en latin, De Monis), *date du* XV.me *siècle; elle se transféra à Milan en 1841 pour le perfectionnement des études du jeune Damiano qui se dédia spécialement à la carrière administrative.*

Il prit part à la révolution de 1848 et fut nommé officier de paix par le gouvernement provisoire. En 1857 il occupa la place de secrétaire de la Lieutenance en Lombardie et fut ensuite attaché au cabinet du Gouverneur général jusqu'en septembre 1859. Par le nouveau gouvernement il fut nommé archiviste de l'Etat et soutint dignement cette charge pendant seize années.

Dans sa jeunesse il voyagea beaucoup et parcourut presque toute l'Europe en se dédiant principalement à la recherche d'objets d'art, d'antiquités et de documents instructifs pour la formation de ses collections qui furent sa passion dominante. Son opérosité en matière scientifique fut très grande; car, de 1850 à 1885 il publia cinquantesix monographies et brochures, se référant pour la plus part à l'histoire. Parmi les plus remarquables, nous citerons: son Histoire sur les Municipes de Lombardie (Romano di Lombardia — Melzo e Gorgonzola – Binasco – Antignate — Calcio); *parmi ses ouvrages numismatiques: l'* Elenco delle zecche d'Italia *et aussi ses* nombreuses Généalogies des familles Lombardes: ses intéressants ouvrages sur les Gouverneurs, Lieutenants et Généraux du Milanais de 1499 à 1848; — Tunisi e la spedizione di Carlo V Imp.: *ses précieuses* Notices sur l'Archive d'état de Milan, *etc., etc.*

Ces publications, justement appréciées par les savants, lui procurèrent de nombreuses onorificences: il fut correspondant de la **Consulta Araldica di Roma** et des principales Sociétés d'histoire de l'Italie et de l'Étranger. Pendant dix années (1870-80) il fut Président effectif de l'Académie Milanaise **Fisico-Medico-Statistica** et ensuite, Président honoraire perpétuel. En 1889 il fut élu Citoyen milanais et reçut des gouvernements étrangers, nombre de médailles et de décorations.

Il mourut à Milan le 22 février 1891, regretté par tous ceux qui eurent l'avantage de le connaître et qui purent apprécier son grand talent et son noble coeur.

Ses collections, à cause d'inévitables divisions de famille, seront vendues aux enchères publiques par cet établissement, et divisées en trois parties:

La I.re partie se vendra le 1.o Juin 1903 et jours suivants et comprendra: les Autographes, les manuscrits, la bibliothèque et les gravures.

La II.me partie, dont la vente aura lieu en novembre prochain, comprendra: les Monnaies antiques et du moyen âge; Médailles; Objets anciens de fouille et Objets divers de la Renaissance, etc.

La III.me partie comprendra: meubles anciens et objets d'ameublement.

JULES SAMBON.

Les Catalogues sont déposés:

MILAN . . . . IMPRESA DI VENDITE, 37, Corso Vittorio Eman.
GRANDI (Antonio), 12, Corso Venezia.

ROME . . . . VITALINI (chev. Ortense), 81, Via Vittoria.

FLORENCE . . . . IMPRESA DI VENDITE, 1, Via della Spada.

NAPLES . . . . . . SAMBON (Jules), 24, Via Gennaro Serra.

VENISE . . . . . . MORCHIO (G.) & MAJER (N.), 683, Spaderia S. Marco.

LONDRES . . . . . DOWDESWELL & DOWDESWELLS, 160, New Bond
Street, w.

PARIS . . . . SAMBON (Doct. Arthur J.) 6, Rue de Port Mahon.
SERRURE (V.ve Raymond), 19, Rue des Petit Champs.
CANESSA (C. & E.), 19, Rue Lafayette.

BERLIN . . . . AMSLER & RUTHARDT, 29ª, W. Behrenster.

VIENNE . . . . . . EGGER FRÈRES, 7, Opernring.

MUNICH . . . . . . DREY (A. S.), 39, Maximilian Strasse.
(Bavière) MERZBACKER (Eugène), 16, Residenz Strasse.

STUTTGARD . . . GUTEKUNST (H. G.), 1 Olga Strasse.

FRANCFORT . . . HESS (Adolph) NACHFOLGER, 7, Westendstrasse.
(sur le Mein) HAMBURGER (L. L.), 56, Uhlandstrasse.

ATHÈNES . . . . . LAMBROS (Jean P.), 2, Rue d'Arsakion.

NEW-YORK . . . BATES (J. H.) 41, Park Row.
(U. S. A.)

PHILADELPHIA . CHAPMANN (H. & S. H.), 1348, Pine Street.
(U. S. A.)

Conditions de la Vente

extraites du règlement pour les ventes aux enchères publiques

La vente sera faite au comptant et les lots seront délivrés au plus offrant et dernier enchérisseur.

L'acheteur payera 5 pour %, en sus des enchères.

L'expert pourra réunir et diviser le lots à son grè.

Les enchères ne pourront être inférieures à 1 franc au-dessous de 100 frs., et de 5 frs. au-dessus et ainsi de suite en proportion.

En cas de contestation sur deux enchères, l'objet sera remis immédiatement en vente.

L'Entreprise, immédiatement après l'adjudication de chaque lot, se réserve le droit de demander aux acheteurs le payement complet du lot.

L'Entreprise ne garde pas les objets délivrés. L'acheteur devra les retirer pas plus tard de midi du jour suivant.

L'Exposition, mettant les amateurs à même d'examiner les objets, aucune réclamation ne sera admise une fois l'adjudication prononcée.

Les personnes qui ne pourront pas assister à la vente pourront adresser leurs commissions, qui seront remplies avec le plus grand soin, à M. le chev. **Jules Sambon**, propriétaire de l'Entreprise des ventes en Italie, **37, Corso Victor Emanuel à Milan.**

AUTOGRAPHES

14. Pie VI (Jean Ange Braschi) de Césène; n. 1717, m. 1798. Deux a. s. *Giannang. Braschi;* Rome, 24 mars 1759; 2 p. in-16. Rome, 14 juin 1766, 2 p. in-4. — 4 portrait.

15. Pie VII (Grég. S. Barnabas Chiaramonti) n. 1740, m. 1823. L. s. (en cardinal); Rome, 22 mai 1793; 1|2 p. in-4. S. découpée avec le sceau. — 1 portrait.

16. (Léon XII.) Encyclica « Ubi primum ». 3 mai 1824. Rome, 1824, 8 pag. in-8, avec portr. Pièce imprimée.

17. Pie VIII (comte F. X. Castiglioni); n. 1761. m. 1830. L. s. (en cardinal). Rome, 12 avril, 1823; 1 p. in-4. — 2 portr.

18. Grégoire XVI (Maure Cappellari) de Bellune; n. 1765, m. 1846. L. a. s. *D. Mauro Cappellari* al bibliotecario di Modena ; S. Michele di Mur. 11 giugno 1714; 3|4 de p. in-4. — L. s. *D. M. Card. Cappellari* au rév. Boué missionnaire applique; Roma. 28 giug. 1828. 1|2 p. in-4. — 2 p. 2 portr. et 1 vignette.

19. Pie IX (Jean Mastai-Ferretti) de Senigallia, n. 1792, m. 1878. L. aut. s. *G. M. Arcivesc. di Spoleto;* Spoleto, 22 sept. 1830; 1|2 p. in-4. Sceau. — Pétition avec trois lignes autogr. *Die 9 maii 1848 « Pro Gratia » Pius. PP. IX.* In-4. — 5 portraits et 3 livraisons.

20. Léon XIII (Joachim Pecci) n. 1810 vivant. L. s. *G. Card. Pecci* au card. C. L. Morichini. Rome, 25 nov. 1855. 1 pag. in-8.

21-22. **Maison Sforza**; ducs de Milan; marquis de Caravage; seigneurs de Pesaro; comtes de Santa Fiora, etc. — Doc. originaux sur cette famille possédés et pubbliés par le chev. Damiano Muoni :

I. Consilium secretum : Note des 25 membres du Conséil secret nommé par François Sforza à peine se fut-il rendu maître de Milan;

II. Lettre de Paolo da Castagneto au duc François I Sforza. Novare, 11 juillet (1456); 1 p. et 1|3 in fol. Sceau représ. un tête de Jupiter Ammon;

III. Lettre du Recteur de l'Université de Pavie au susdit. (s. l. ni d.) 1|2 p. in-4.

IV. Lettre de Léone de Ferraria au même (s. l. ni. d. 1|2 p. in-4.

V. L. de Andreas Lampugnanus duc au Galéas-Marie. Casali, 10 juil. 1483. 1|4 de p. in-4.

VI. L. (post-scripta) de Leonardo Batta. (S. l. ni. d. 1577?); 1|3 de p. in-4.

VII. Notula de le cose che N. S. et lo Conte se contentano volere fare et de quelle vole se facciano per la Sereniss. Liga. Signée: Anellus Archamonus. 3 p. et 1|3 in fol.

VIII. Relation à Ludovic le Maure (en 1493?) lorsque l'emp. Maximilien I se trouvait engagé contre les Suisses. 6 p. et 1|2 in-fol.

IX. L. de César Guascus à Ludovic le Maure. S. l. ni. d. (1511?) Sceau.

X. L. de Jean Casatus au même. S. l. ni. d. 1 p. et 1|2 in fol.

XI. Conducta del mag. m. Joan Bentivoglio. 3|4 de p. in-fol. Intéressant recueil de 11 pièces, accompagnées chac. des épreuves d'imprim.

23. Suivent trois pièces non publiées: pétitions de J. B. de Attendolis, de Pierre-Antoine de Attendolis, de Bartolus de Chotignole.

24. François Sforza, duc de Milan. n. 1401, m. 1465. L. s. avec la sigle *F. S.* Melegnani, 24 nov. 1419. Sceau, bisson flanqué des initiales F. — S. 1|4 de p. in-fol. — L. s. *F. S.* à Blanche Marie sa femme. Mediolani, 3 jun, 1463. 1 page in-4 avec adresse. Sceau, arm. écar-

telées. — Litterae ducales pro Violante de Cremona in causa contra
Bernadigios. Laudae, 27 jul. 1450. 8 l. in-fol. Sceau; arm. écart. —
3 p. — 3 portr.; biographie; 2 vign.; 3 pl. de monnaies. Portr. et
biographie de Blanche Marie Visconti.

25. Sforza. (Sforza Marie) duc de Bari fils de Franç. I et frère de Ludovic
le Maure. N. 1449, m. 1479. — L. s. à la régente Bonne de Savoie;
Bari, 9 oct. 1477. 10 l. in-4. avec adresse et sceau.

26. Sforza. (Ascanius M.) fils de Franç. I; cardinal. n. 1445, m. 1505.
Lettres de la main du sécrét. à son frère Ludovic; Rome 22 mars
1498. 1 p. in-fol. Sceau. — L. a. s. au même; Rome, 17 févr. 1192.
1|2 pag. in-4. Sceau. 1 portr. 2 p.

27. Sforza (Ippolita) fille de Franç. I. — L. a. s. à son frère Ludovic.
Naples, 12 nov. 1474. 1|2 p. in 4. Sceau et adr.

28. Sforza (Galéas M.), duc de Milan, n. 1444, m. 1476. — L. s. à Sacra-
moro. S. Giorgio di Lomellina, 16 sept. 1475. 1|3 de p. in-4. Sceau
et adr. — Billet en deux lig. s. à Antoine Anguissola. Milan, 15 avr.
1472; in-4. Sceau et adr. — Deux décrets s. et contresignés par
Cicco Simonetta. In-4. 1 portrait. 2 p.

29. — Huit doc. dont quatre avec le sceau ducal.

30. Bonne de Savoie, fille de Philibert et femme de Galéas M. Sforza.
N. 1450, m. 1500 (?). — L. s. à Pierre Todesco, Milan, 13 avr. 1477;
contres. par Cicco Simonetta. — Sceau et adr. — Brouillon, avec
des corrections en plusieurs endroits, d'une lettre datée 2 aug. 1480,
devant être adr. au pape Sixte IV. — 1 portr. de Bonne et de
Jean Galéaz. 2 p.

31. Sforza (Blanche Marie) fille de Galéaz M. femme de l'emp. Maximilien I.
n. 1472, m. 1710. — L. a. s. en 24 lignes, à son oncle le duc
Ludovic; ex Vormatia, 6 nov. 1496. — Phot. d'un portr. par Léonard
de Vinci.

32. Sforza (Alex.) fils naturel de Galéaz M. — L. s. à Andrea da Borgo;
ex Arce Picleonis, 24 juin 1513; 1|4 di pag. in-4. — Sceau et
adr. Mouillure d'eau.

33. Sforza (Catherine) fille naturelle de Galéas Marie. — L. s. avec une
ligne aut. à son père. Rome, 18 nov. 1479. — 1|2 p. in-4. — Avec
deux petits trous qui n'atteignent pas l'écriture. Mouillures d'eau.
— Photogr. de son portr. peint par Palmezzano.

34. Sforza (Jan Galéas M.) duc de Milan. N. 1469, m. 1494. — L. s. au
châtelain de S. Croce de Crémone. Milan, 31 déc. 1483; trois lignes
in 4 contres. par B. Chalco. — Sceau. — L. s. au doct. Melch.
Sturioni. Milan, 20 oct. 1484. 1|2 p. in-4. — Sceau (p. douteuse) —
D. en parch: Consentement donné pour l'investiture de la cure de
S. Babila à la maison Raschisi. Milan, 21 oct. 1484. — Sceau. —
Portr. en médaillon. 3 p.

35. Sforza (Ludovic M.) dit le Maure. N. 1451, m. 1508. — L. s. à Jean
Molo; Vigevano, 22 déc. 1493. — 1|4 de p. in-4. — S. et adr. —
L. s. à sa sœur Françoise Marie vicaire à Crémone; Vigevano, 6 mars
1494. — 1|3 de p. in-4. — S. et adr. (p. endomm.) — L. s. à Alex.
de Crémone; Milan, 4 févr. 1496; 1|3 de p. in-4 avec la sign. de
B. Calchus. — S. et adr. — D. s. Milan, 9 févr. 1496; 1 p. in-4;
avec la sign. de B. Calchus. S. — D. en parch.: Confirmation des
privilèges à Donato Reschisio. Milan, déc. 1498; avec la signat. de B.
Calchus. (Le sceau a disparu). — 5 portr.; 1 portr. de Beatrix d'Este;
2 pl. de méd.; 1 vign. et 1 phot. 5 p.

36. Sforza (Maximilien), duc, fils ainé de Ludovic. N. 1490, m. 1530. —
Deux l. s. à son trésor. gén. Milan, 7 janv. et 18 févr. 1513. —
L. s. à Jérôme Castiglioni; Pavie, 23 déc. 1514. — S. et adr. —

D. s. en parch. Election à sénateur de Phil. Castiglione. Milan, 24 janv. 1515. — Trés. b. S. — 2 portr. et 1 méd. *3 p.*

37. Sforza (Franç. II), duc.; 2d. fils de Ludovic, n. 1492, m. 1535. — L. s. avec 4 l. autogr. à Jérome Castiglioni. Trente, 15 févr. 1522; 2 p. in-4; avec adr. — L. s. avec 4 l. autogr. au susdit. Vigevano, nonis nov. 1522; 2 p. in-4. — S. et adr. — L. d. l. m. d. s. au lieut. gén. Alex. Bentivoglio. Bologne, 12 févr. 1530; 1|3 de p. in-4. — S. et adr. — Patente s. de commissaire au noble Antoine Alifero. Sans date. — 1 p. in fol. — S. — L. s. (sans lieu ni date ni adr.) 1|3 de p. in-4. — 1 portr. et 1 pl. de méd. *5 p.*

38. Christine, fille de Christien II roi du Danemarc, femme du précédent — L. s. au marq. d'Ayamonte sur une rixe entre soldats à Tortone; Rivalta, 8 avril 1579. 1|2 p. in-4. — S. et adr. — 2 l. s. au card. Caracciolo; Pavie, 25 juin et 18 déc. 1537. — 2|3 de p. in-4. — S. et adr. — 2 documents attestant son existence; l'un de Nancy 31 juill. 1567, l'autre de Friedberg en Bavière 2 mai 1568. — S. — 1 portr. et méd. *5 p.*

39. Sforza (Jean Paul) I marq. de Caravage, fils de Ludovic et de Lucrèce Crivelli. N. 14....? m. 1535. — L. a. s. à Ange Riccio; Lodi, 24 avr. 1527. 1|2 p. in-4. — p. S. et adr. — L. s. ... 16 juin 1532. — 1 p. et 2 l. in-4. *2 p.*

40. Sforza-Visconti (Philippe) marq. de Caravage. — R. s. Milan, 10 janv. 1717.

41. Sforza (Galéas) fils naturel de Constance seign. de Pesaro. N. ....? m. 1515. — L. s. à Andrée del Borgo; il se plaint que tandis que il est à plaider auprès du Pape sa cause pour les affaires de Pesaro, l'on ait élu un nouveau gouverneur à Crémone. Rome, 1 févr. 1514.

42. Sforza (Guido) II comte de Santa Fiora. — L. à Ludovic le Maure; Santa Fiora, 4 avr. 1495; 1 p. in fol. — S. et adr.

43. Sforza (Sforzino) des comtes de S. Fiora, n. 1467, m. 1527. — L. aut. s. à J. B. Speciano sénateur ducal, Lodi, 10 dic. 1526; 1 p. in-4. — S. et adr.

44. Sforza (Guido Ascanio) comte de Santa Fiora, cardinal; n. 1518, m. 1564. L. s. à Marcant. Cagnola. Rome, 6 janv. 1544; 1 p. in fol. — S. et adr. — 1 portr. en médaillon.

45. Sforza (Franç.) des comtes de Santa Fiora, duc de Fiano. n. 1562, m. 1624. — L. a. s. à Batista Monti; ..... 8 mai 1602. — 1 p. in-4 avec adr.

46. Gaetani (Marianna) femme de Gaëtan Sforza-Cesarini, duc de Segni. — D. s. en parchemin. Cinzano, 6 juill. 1778. — S.

47. **Gonzague.** — I. Ducs de Mantoue: marq. du Montferrat: Frédéric II (2 l. s.: Marguerite Paléologo sa femme (L. s.): Hercule cardin. (l. s.: Paule fille de Franç. II (l. s.): Alexandre, fils naturel de Fréd. II (2 l. s.: Vincent I (2 l. et 1 d. s.: Eléonore de Médicis sa femme (l. s.: François IV (l. s.: Marie sa fille (3 l. s.: Ferdinand I card. (l. s.: Vincent II (l. s.: Charles I (l. s.: Charles II (l. s.): Isabella Clara (l. s.: Ferdin. Charles (4 l. s.: Anne Isabelle sa femme (2 l. s.): Philippe, petit fils (l. a. s.: *26 p.* dont plusieurs avec sceaux: accompagnées de portraits, armoiries, vignettes, etc.

48. II. Ducs de Guastalla. — Ferdinand 3.e fils de François II, marquis de Mantoue, n. 1565, m. 1557. Très intéressante lettre s. écrite *dal felicissimo campo sopra Fiorenza il XX luglio MDXXX.* 3 p. 1|2 in fol. — 2 lett. s. au procureur de l'état. Milano, 2 sett. 1519 et 15 nov. 1550. In-4. — S. et adr. — D. s. Faculté à Bern. Scaccabarocco de battre monnaie à Milan. Vigevano, 4 sept. 1549. — 1 p. in fol. — S. — 2 portr. et tombeau. *3 p.*

49. Isabelle de Capoue sa femme (l. s.); Andrée fils puisné de Ferdin. II
    (l. s.); Marguerite d'Este, femme de Ferdin. III (d. s.); Marie Victoire
    fille de Ferdin. III (l. s. avec 4 lig. autogr.); Antoine Ferdin. (2 l.
    s.); Théodore sa femme (2 l. et d. s.); Joseph II (2 l. s.); Marie
    Eléonore (l. s.) *12 p.* avec sceaux. — 1 portr.

50. Idem. III. Ducs de Sabbioneta. — Antonia Baucia femme de Jean-
    François Gouzague (l. s.); Ludovic (l. s.); Cagnino, son fils (l. s.);
    Giulia (l. s.); Vespasien (4 l. s.); Diane Cardona, sa femme (l. a. s.);
    Marguerite 3.ème femme (l. s.); Hannibal (l. s.); Scipion (l. s.); Jean-
    Franç. (l. et d. s.) *14 p.* avec sceaux., portraits, etc.

51. IV. Marquis de Castiglione delle Stiviere, etc. — Louis I (l. s.); Fer-
    rante I (d. s.); Louis III (l. a. s.) *3 p.*

52. V. Princes de San Martino. — Emilie femme de Charles (l. s.); Han-
    nibal fils de Charles, evêq. (l s.); Ferdinand (l. s.) *3 p.* avec sceau.

53. VI. Seigneurs de Luzzara. — Rodolphe (l. s.); Basile (l. a. s.); Jean (l.
    a. s.) *3 p.*

54. VII. Seigneurs de Vescovado. — Ferdin. Charles II (l. a. s.); Franç-
    Nicolas (3 l. s.); Sigismond IV (2 l. a. s. et 2 p. régard. ce prince). *8 p.*

55. **Maison de Savoie**. — Ducs de Savoie; Rois de Sardaigne; ensuite
    Rois d'Italie. — Louis I de Savoie, fils d'Amédée VIII, prince de
    Piémont en 1434. n. 1401, m. 1465. L. s. (Taurini) 22 oct. 1454;
    6 lign. in fol. — 1 portr.; 3 armoiries; 2 arbres généalog.

56. Amédée IX le bienheureux, duc; fils du précéd. N. 1435, m. 1472. L.
    s. Turin, 18 déc. 1462. 1|3 de p. in fol. — 1 portr. et 1 vignette.

57. Jolande (Violante) de France fille du roi Charle VII et femme du
    précéd. n. ....?, m. 1478. — L. s. Vercelli 17 mai. 7 lign. in-4.
    — S. et adr. — L. s. (en français) à l'abbé de Casenove, 7 août
    1468. 1|2 pag. in-4. — S. et adr. *2 p.*

58. Jean Louis, autre fils de Louis I; évêque de Genève; régent pendant
    la minorité de son neveu Philibert I. n. ....?, m. 1482. — L. a. s.
    9 lign. in-1.

59. Philibert I, dit le Chasseur, duc; n. 1465, m. 1482. — L. s. à la du-
    chesse de Milan. Chambery, 15 avril (?). — S. et adr. — 1 portr.
    (l'encre a rongé le papier).

60. Charles I, duc, dit le Guerrier. N. 1468, m. 1489. — L. s. Chambery,
    19 oct. (?). 3 l. in-4. — S. et adr. 2 portr.

61. Philippe II, dit Sans terre, duc, roi de Chypre. N. 1438, m. 1497. —
    L. s. Genève, 26 janvier. 1|3 de p. in-1. — S. et adr. — 1 portr.

62. Charles III, dit le Bon, duc; n. 1482, m. 1553. — L. s. au card. Ca-
    racciolo gouvern. de l'état de Milan. Nice, 9 janv. 1537. 1|1 de p.
    in-4. S. et adr. 1 portr.

63. Béatrix, femme du précéd. — 2 L. s. au même card. Caracciolo. Nice,
    7 et 21 janv. 1537. — In-4. — S. et adr.

64. Emmanuel Philibert, duc, le restaurateur de la monarchie de Savoie. —
    N. 1528, m. 1580. — L. s. Turin, 23 août 1575; 1|2 p. in-4.
    Traces d'humidité. — Missive s. au Sénat, Turin, 12 mai 1575. —
    Gr. s. et signatures de dignitaires de l'état. — D. s. Turin, I jour
    de l'an 1571. — Gr. S. — Traces d'humidité. — 3 portr. 1 méd. 1
    statue équ. 1 vignette et 1 « Impresa ». *3 p.*

65. Charles Eman. I, le Grand, duc, fils du précéd. N. 1562, m. 1630. —
    L. s. Turin. 20 août 1606. 1|2 p. in-4. — 1 portr. 1 arbre généal.
    et 1 vign.

66. Victor Amédée I, duc, n. 1587, m. 1636. L. s. a G. C. Pellegrino.
    Turin, 29 déc. 1616. 1|4 in-4. S. et adr. — 4 portr.

67. Maurice de Savoie-Carignan, card. 3.ème fils de Ch. Eman. I, n. 1595, m. 1657. — L. s. au comte B. Messerati. Nice, 18 avr. 1640. 1|2 p. in-4. — S. et adr. — L. s. au même avec 5 lig. aut. Nice, 21 nov. 1641. — S. et adr. — 2 p.

68. Thomas de Savoie Carignan, 5.ème fils de Ch. Eman. I, chef de la branche des Carignans. N. 1593, m. 1656. — L. s. au comte Messerati sur les évéuements du jour. Turin, 19 mars 1640. 2 p. in fol. — 3 portr. 1 grav. du tabl. de Van Dyck, et 1 biogr.

69. Charles Eman. II, duc. fils de Vict. Am. I, n. 1634, m. 1675. — Congé s. Turin, 6 déc. 1672. — 1 portr.

70. Victor Amédée II, duc, ensuite Roi de Sardaigne, fils du préc. N. 1665, m. 1732. — 3 L. s. au comte Stampa. Turin, 1709, 1710, 1711; 3 p. in fol. — 1 portr. et 2 arm.

71. Anne Marie, fille de Philippe duc d'Orléans; femme de précéd. N. ....? m. 1728. — L. s. au comte Porro. Turin, 11 janv. 1702; 1 p. in fol.

72. Charles Eman. III, roi de Sardaigne, fils du précéd. N. 1701, m. 1773. — L. s. au comte Stampa. Turin, 9 janv. 1712. 1|2 p. in fol. — S. et adr. — Missive s. Bozzolo, 16 mai 1734. 2|3 de p. in fol. — S. et adr. — Patente de juge s. Aug. Taur. 24 janv. 1736. 1|2 p. in fol. royal. — S. — Patente s. de capitaine des défenses, Aug. Taurin, 13 mars 1736. — 1 portr. — 4 p.

73. Victor Amédée III, roi. n. 1726, m. 1796. — D. sur parch. Turin, 12 avr. 1788. 2 p. in-4. — L. s. Turin, 18 fev. 1751. 1|3 de p. in-fol. — S. et adr. — 3 portr. — 2 p.

74. Vict. Eman. I, roi. N. 1759, m. 1821. — L. s. Turin, 30 genn. 1817. 1|4 de p. in fol. — S. et adr. — 2 portr. 1 grav. d'une statue.

75. Charles Albert, roi. N. ....? m. 1848. D. s. sur parch. Turin, 30 avr. 1844: et deux lignes autographes du roi avec l'authent. de Louis Cibrario. — 3 portr. 1 arm. et 1 exempl. du Statut du roy. d'Italie.

76. Victor Emanuele II, roi. N. 1820, m. 1878. D. s. Turin, 11 sept. 1859. Gr. in fol. roy. — S. — 2 phot. de batailles. — 11 ff. impr. (decrets, programmes et public. ensuite de sa mort).

77. Antoine, fils naturel de Ch. Eman. I (d. s.); Gabriel (d. s.); Louise fille de Vict. Amédée I (l. s.); Charles Félix (signat. découpée); Ch. Eman. Ferdinand (L. s.); Eugène, marquis de Saluce, le plus grand capitaine de son siècle (5 l. et 3 d. s.); Henry duc de Némours en 1795 (2 ordonnances s.); Marc Pius (ord. s.) *16 pièces:* plusieurs avec portr. sceaux et 5 proclam. du roi Humbert I.

78. **Maison des Farnèse**, ducs de Parme, de Plaisance, etc. — Pierre Louis, prem. duc. (n. 1490, m. 1547). — 4 l. signées, dont deux avec S. — 1 portr. 1 arm. 1 arbre généal. et aperçu hist. de la famille Farnèse.

79. Octave, duc (3 l. s.); Alexandre, cardinal (2 l. s.); Marguerite femme d'Octave (1 d. s.); Marie de Portugal (1 l. s.; en mauvais état); Isabelle fille nat. d'Octave (1 l. s.) Alexandre l'un des plus grands capitaines de son temps (3 d. s.) — *11 p.* avec S. portraits, vign., etc.

80. Ranuce I (1 l. s.); Marguerite sa femme (1 l. s.); Edouard (2 l. s.); Edouard, duc (1 l. s.); Marguerite des Médicis sa femme (1 l. s.); François M. cardin. (l. s.); Alexandre, viceroi de Navarre (l. s.); Ranuce II (3 l. s.); François (3 l. s.); Dorothée, sa femme (l. s. d. l. m. d. s.); Antoine, dernier duc (2 l. s.) — *20 p.* avec sceaux, portraits, pl. de médailles etc.

81. **Maison des Bourbons**, ducs de Parme, Plaisance, etc. — Philippe, duc (1 d. s.); Ferdinaud (l. et d. s.); Marie Amélie, sa femme (3 l. a. s.); Hyacinthe Dominique sa fille (l. a. s.); Marie Louise, reine d'Etrurie (l. s. — *8 p.* avec sceau, portr. etc.

82. **Maison d'Este**, ducs de Ferrare, Modène, Reggio, Carpi, princes de Correggio, Massa et Carrara etc., etc. — Borso d'Este, fils naturel de Nicolas III marq. de Ferrare (n. ....? m. 1471). — L. s. au duc de Milan; Rezo, adì 11 de setembre 1470; 11 lign. in-4. — S. et adr. — 2 portr. 2 arm. 1 arbre généal., 2 hist., 1 vign.

83. Hercule II, duc de Ferrare, fils d'Alphonse I et de Lucrèce Borgia (n. 1508 m. 1558). — 2 l. s. Ferrare 13 et 16 mars 1537; 2|3 de pages in-4. — 2 portr. 1 vign. 2 p.

84. Alphonse II, duc (n. 1553, m. 1557). 2 l. s. Ferrare, 30 juin 1581 et 26 août 1584. — Deux 1|2 p. in-4. — 1 portr. et 1 vign. 2 p.

85. Léonora d'Este soeur du précédant, et dont le Tasso fut éperdument amoureu. (m. 1581). — L. s. Ferrara, 27 mars 1574. — 2|3 de p. in-4. — S. — 1 portr. et 1 vign.

86. Hippolyte II, cardinal; Alphonse III, duc; César I; François I; Laure Martinozzi; François II; Renaud I; François III; etc. etc. — *40 pièces* avec S., portr., vignettes, etc.

87. **Maison des Médicis**, Grands Ducs de Toscane. — Côme, père de la patrie (1389-1464). — L. a. s. (?) au duc de Milan; Florence, 24 janv. 1452; 1|2 page in-4. — S. et adr. — L. a. s. (?) au même; Flor., 13 fevr. 1453 1 page in-4 (au milieu une déchirure). — S. et adr. 2 portr., 3 arm., 1 arb. généal., 2 biogr. etc. 2 p.

88. Laurent le Magnifique, fils de Pierre (n. 1448. m. 1492). — L. a. s. à Barthol. Chalco, Florence 4 sept. 1481. — 11 lig. in-4. — S. et adr. — Fac-simile (?): découpure s. d'un post-scriptum à une lettre. — 1 portr., 1 vign. 2 p.

89. Hippolyte, cardinal, fils natur. de Julien (1511-1535). — L. a. s. Marseille, 11 nov. 1530; 1 p. in-4. — L. a. s. Roma, 15 marzo 1535. — S. — 2 portr., 1 vign. = Alexandre des Médicis (n. 1510, m. 1533). — 2 l. s. Florence, 29 août 1534; 2|3 de p. in-4. — S. — 1 portr., 1 vign. etc. *4 p.*   Pourront être divisées.

90. Côme I, fils de Jean *delle bande nere*. — 2 l. s.; Flor., 13 janv. 1537 et 26 août 1556. — S. — 2 portr., 2 vign.

91. Bianca Cappello, 2.eme femme de François II (n. 1548, m. 1587. — L. s. à Gérolamo Cappello: Florance, 8 avr. 1534. 1|2 p. in-4. — S. et adr. — 1 portr., 2 vign., 1 arm.

92. Jean Jacques des Médicis, dit *Medeghino*, marquis de Meleguano grand capitaine; frère du pape Pie IV (n. 1497, m. 1555). — 5 lettres s. de 1536 à 1552; — S. et adr. — 1 portr., 1 arm., 1 vign.

93. Jean des Médicis (1 l. s.); François Granduc, (1 l. s. avec 3 lignes a.); Ferdinand I Gd. (2 l. s); Christiane de Lorraine sa femme (1 l. s.); Pierre frère de Ferdin. (1 l. s. avec 3 lign. a.); Côme II (2 l. s.); Ferdinand II (2 l. s.); Victoire de la Rovere sa femme (1 l. s.); Jean. cardin. (1 l. s.); Léopold, cardin. (l. s.); Côme III (1 l. a. s. et 2 l. s.); *16 p.* avec sceaux, portraits, vign. etc.

94. **Doges de Venise**, Nicolas Contarini (1630-31). 1 l. s., Venetia, 30 7bre 1622; 2|3 de p. in-4. — S. et adr. — 1 portr.

95. François Erizzo (1631-46). — 2 l. s. Venise 1 juil. 1621 et 19 janv. 1622; 1 p. 1|2 in-4. — 1 portr. et 1 arm.

96. Ludovic Manin (1789-1797). — 1 a. s. à l'évêque de Verone. — 1 portraits, 1 arm.

97. **Doges de Gênes**, Pierre Fregoso (1450-59). — L. s. à François Sforza; Gênes, 17 fevr. 1453. 1|4 p. in-4 obl. — S. et adr. 1 arm. = Octavien Campo Fregoso (1513-22). — L. s. Gênes, 13 juill. 1513; 1|3 de p. in-4. — S. 2 p.

98. Fieschi Jean-Louis, comte de Lavagna (n. 1523, m. 1547). — L. s.
Gioan Luise Fiesco à don Alfonso d'Avalos marq. del Vasto; Gênes
12 oct. 1541; 1 p. in-4. — S. — 1 portr.

99. Andrée Doria, célèbre amiral. N. à Oneglia 1468, m. 1560. — L. s. à
Antonio de Leiva, prince d'Ascoli et capitaine général de la ligue;
Gênes, 11 févr. 1535; 1|3 de p. in-1. — S. et adr. — L. s. Gênes,
31 oct. 1544, 1|2 p. in-4. 2 *p.* — 8 portr., 2 arm.

100. Jean André Doria (1 l. s.); Livie Doria (1 l. a. s.); Polyxène Marie
Landi (d. s.); Joseph. M. Doria Panfili (d. s.) — *4 p.*

101. **Famille Bentivoglio** de Bologne. — Hercule (1 l. s.); Jean II (1
l. s.); Violante femme de Jean Paul Sforza (1 l. s.); Cornélius (1
l. s.); Guide, cardin. (sign. déc.); Cornélius, cardin. (2. l. s.); 7 *p.*
avec. sceau, portr., arm., etc.

102. **Familles Cybo** et **Correggio**. — Cybo Innocent, cardin. (2 l. s.);
Camille, cardin. (1 l. s.); Nicolas, cardin. (1 d. s.); Aldéranus,
cardin. (1 l. s.). — Correggio (da) Jérôme, cardin. (1 l. s.); Man-
frède seign. de Correggio (1 l. s.) — 7 *p.* avec portraits, sceaux,
arm. etc.

103. — **Carretto**; Alphonse II marquis (6 l. s. et 1 arm.)
Paléologue; Guillaume II marq. du Monferrat (1 l. s.); Anne d'A-
lençon sa femme (1 l. s.) — *8 pièces.*

104. **Fondulo** (Cabrino) seigneur de Crémone; m. en 1425. — D. s. sur
parchemin: Crémone, 13 févr. 1111. — S. (quelques petits trous).

105. **Familles Montefeltro** et **Della Rovere**, ducs d'Urbin. — François
M. Ier (1 l. s.); Jules, cardin. (1 l. s.); François M. II (1 l. s.); Frédéric, dernier duc (1 l. s.). — *4 p.* avec sceaux, portr. etc.

106. **Famille Pallavicino**; marq. de Busseto; seign. de Torre Pallavi-
cina etc. — Jean-Luc (2 l. s. et 3 d. s.); Jean-Charles (1 l. s.);
Adalbert (1 l. s.); Jérôme, décap. en 1521 (2 l. s.); Frédéric (1 d. s.);
Sforza, marq. de Cortemaggiore (1 d. s.); Sforza, cardin. (1 l. s.);
Georges (2 l. a. s. — *14 p.* avec portr., sceaux, etc.

107. **Familles Peretti, Pico, Saluzzo**. — Peretti Michel (1 l. s.); Pico
Alexandre I, Alexandre II et Jérôme (3 l. s.); Piccolomini Alph.,
Octave, Célius (3 l. s.); Saluzzo François (1 l. s.); *9 p.* avec portr.,
arm. etc.

108. **Famille Riario-Sforza**. Jérôme, neveu du Pape Sixte IV, prince de
Imola; Catherine, sa femme; Raphaël, ou Galeotto, cardinal, de
St. George. *3 pièces* avec S., portr. etc.

109. **Evêques-princes de Trente**. Cristophe Madrucci (4 d. s.); Vigilio
Pierre (5 l. et 1 d. s.); Christophe?.... (9 l. s.) *19 p.*

110. **Maisons Royales de France**: [Anjou, d'Aragon et Bourbon. —
Royaume de Naples]. — René d'Anjou, *le bon*, roi, fils de Louis II,
n. 1408, m. 1480. — L. s. à Galéas M. Sforza, Marseille, 3 juil. 1472:
1|2 p. in-4. — S. et adr. — 1 méd. gravée.

111. Jean II d'Anjou, fils du précéd. n. 1426, m. 1460. — L. s. Gênes,
9 juin 1458. 1|2 p. in-1. — S. et adr.

112. Charles d'Anjou, roi; n. 1436, m. 1481. — L. s. à Bonne de Savoie
duch. de Milan; Tharascon, 5 fevr. 1479. 1|3 di p. in-1. — adr.

113. Alphonse V roi d'Aragon et I des deux Siciles, n. 1393, m. 1458. —
L. s. Capoue, 1 nov. 1417. — 1|3 de p. in-4. — S. adr. — 1 portr.

114. Ferdinaud I d'Aragon, roi de Naples. n. 1423, m. 1494. — L. s.
Barletta, 21 fevr. — S. (taches d'eau et quelq. trous). — 4 lignes
a. s. adressées à: *mio caro patre de mjlano*. Campo contra Carinola,
13 juin 1163. — S. — D. s. Neap. VI mai 1483. 4 p. et 1|2 in-fol.
2 ritr. *3 p.*

115. Isabelle de Clermont prem. femme du précéd. m. 1475. — L. s. à
François Sforza, Naples, 5 fevr. 1452. — S. et adr.

116. Jeanne d'Aragon, 2.me femme du précéd. (m. 1517). — L. s. au duc
de Milan, Pozzuoli, 13 janv. 1481. 2¡3 de p. in-4. — S. — Un trou;
pièce chiffonnée.

117. Alphonse II d'Aragon; n. 1448, m. 1495. — L. s. à Galéas M. Sforza:
apud Bordolanum, 3 déc., 1483. — Avec la signature de Jean Pontanus. — S. et adr. — 3 portr. - Hippolyte Sforza, femme du
préc. n. 1445, m. 1488. — L. s. au duc de Milan Naples, 10 août.
1¡2 p. in 4. — S. 2 *p*.   Pourront être divisées.

118. Frédéric III d'Aragon, roi; n. 1452, m. 1504. — L. s. au célèbre
G. B. Brancaccio; Naples, 14 juin 1497, 2¡3 de p. in-fol. avec la s.
de Vitus Pisanellus. — S. et adr. — 1 portr.

119. Frédéric, infant d'Aragon, fils du précéd. dern. roi; m. 1515. — L. s.
au duc de Milan: dat. in Casali, 18 sept. 1488; 1 p. et 1¡4 in-fol.
Avec la s. de Vitus Pisanellus. — L. s. d. l. m. d. s. 1 p. in-4. 2 *p*.

120. Ferdinand IV (II) de Bourbon, roi; 1751-1825. — B. a. — Marie
Caroline sa femme. l. a. s. — 2 *p*.

121. **Vice-rois de Naples.** Don Raimondo de Cordova (1509-22); d. Pedro
de Toledo (1532-53); d. Fern. Alv. de Toledo (1556-58); cardinal
Granvellan (1571-75); etc. *21 p*. avec. S., portr. etc.

122. **Rois de France.** [Famille des Capets: Valois, Orléans, Angoulême,
Bourbon]. — Louis XI, fils de Charles VII. N. 1423, m. 1483. —
1 doc. s. sur parch. — 3 portr., 1 vign., 2 cartes.

123. Anne de France, fille du précéd. N. 1462, m. 1522. — L. s. à son
cousin le duc de Neully. 1¡2 p. in-4. — S. et adr. — Déchirure au
coin infér. à g.

124. Charles VIII roi, fils de Louis XI. N. 1470, m. 1498. — L. s. au duc
de Milan; Aux montils près Tours, 27 sept. 1¡2 p. in-4. — D. s.
sur parchemin; écriture effacée çà et là. — 4 portr., 1 vign. et
5 arrêts imprimés. 2 *p*.

125. Anne de Bretagne, femme du précéd. et depuis de Louis XII. N. 1476,
m. 1513. L. s. Romorantin, 22 juin. 2¡3 de p. in-4. — portr.

126. Louis XII, roi. N. 1462, m. 1515. — L. s. au duc de Bar. Gênes? 4 sept.
6 lign. in-4. - S. et adr. — D. s. par le rélateur. Milan, 1 mars,
1505. in-4. — 2 *p*. 1 portr. et 3 pl.

127. François I, roi. N. 1494, m. 1547. — 2 d. s. sur parchemin. --
6 portr., 1 vignettes.

128. Henri II, roi. N. 1518, m. 1547. — 2 doc. s. sur parchemin. — 2. *p*.
4 portr., 2 pl. de méd. etc.

129. Catherine de Médicis fille de Laurent duc d'Urbin: et femme du
précéd. N. 1519, m. 1589. - 1 l. s. St. Germain en lais, 24 juin
1534. — S. et adr. — 3 portr. etc.

130. Charles IX, roi, N. 1550, m. 1572. — L. s. au pape Pie IV. Angou
lesme, 17 août 1565, 1¡2 page in-fol. de travers. — S. et adr. —
P. s. sur parchemin. — 2 *p*. 1 portr., 1 vign. etc.

131. Henri III, roi. N. 1551, m. 1589. — 1 l. s. Paris, 2 août 1584. 1¡2
de p. in-4. — 3 portr. etc.

132. François, duc d'Alençon; depuis duc de Brabant. N. 1554, m. 1584.
1 D. s. sur parch. — 3 portr. etc.

133. Henri IV, roi. N. 1553, m. 1610. 4 doc. s. sur parchemin. — 4 *p*. —
5 portr. etc.

134. Luigi XIII, roi. N. 1601. n. 1643. 1 l. s. Paris, 9 mars, 1625, 2¡5

de p. in-4. — D. s. sur parchemin. St. Germain en lay, 31 déc. 1635. — 2 p. — 6 portr. etc.

135. Gaston d'Orléans. N. 1608, m. 1660. — 2 doc. s. — 1 portr. etc.

136. Louis XIV, roi. N. 1638, m. 1715. — Dernière page d'un lettre, avec sa signat. et celles de Voysin d'Aguesseau, Villeroy, Le Peletier, Desmaretz. — Versailles, 18 déc. 1711. — 6 portr.; vignettes, etc.

137. Louis XV, roi. N. 1710, m. 1774. — 1 D. s. Vers. 7 juill. 1756. — 4 portr. etc.

138. M.e Jeanne Gomart, comtesse Du Barry. — Bill. a. s. en 5 lign. in-8. — 11 févr. 1781. — 1 portr.

139. Louis XVI, roi. N. 1754, m. 1793. — 2 doc. s. in-fol. — 3 portr. 4 vign.

140. Marie Antoniette, femme de Louis XVI. N. 1755, m. 1793. — 1 doc. s. in-fol. — 2 portr. et vignettes.

141. Louis XVIII, roi. N. 1755, m. 1824. — 3 doc. s. in-fol. et 2 doc. s. sur parchemin. 5 p. — 5 portr. etc.

142. Louis Antoine duc d'Angoulême. N. 1775, m. 1811. — 1 doc. s. sur parchemin. — 2 portr.

143. Charles X, roi. N. 1757, m. 1836. — 1 doc. s. in-fol. — 1 portr., 1 vign.

144. == [Famille d'Orléans: Princes royaux de France:] — Louis Philippe, roi. N. 1773, détr. 1848. — 1 billet à M. Oudard: 16 mars 1829; 1 p. in-16. — 1 doc. s. sur parchemin; 2 p. — 3 portr. etc.

145. Marie Amélie de Bourbon, femme du précéd. — Bill. a. s. en 5 lign. in-16.

146. Henri et Léonor d'Orléans frères; Doc. s. sur parchemin; Ile de passy, 31 mars 1618.

147. Philippe, duc d'Orléans, frère unique de Louis XIV, régent durant la minorité de Louis XV. N. 1674, m. 1723. — 1 doc. s. 2 p. et 1[2 in-fol. — 1 doc. s. sur parch. — 2 p. — 5 portr.

148. Louis d'Orléans, fils du précéd. N. 1703, m. 1752. — 1 doc. s. 1 p. et 1[2. in-fol. — S.

149. Louis-Phil. Jos. d'Orléans, dit *Égalité*. N. 1747, m. 1793. — 1 doc. s. sur parchemin. — 3 portr., 1 vign.

150. Robert d'Orléans, duc de Chartres. N. 1840. — L. a. s. au général Caccia: Milan, mardi soir. 3 p. in-16.

151. == [Bourgogne: Bourbon: Condé; Vendôme]. — Charles le Téméraire, duc de Bourgogne. N. 1433, m. 1477. — Signat. découpée; Lausanne, 12 mai 1476; in-4. — 5 portr.

152. Henri II de Bourbon, prince de Condé. — L. s. à M. le comte de Soissons. 1 p. in fol. Champigny, 3 avril. — 2 portr.

153. Louis II de Bourbon, le *grand Condé*; fils du précéd. N. 1621, m. 1686. — D. s. sur parch. Paris, 30 avr. 1644. — 5 portr.

154. Louis III duc de Bourbon-Condé. N. 1618, m. 1710. — D. s. Condé 17 may 1707. 1 p. in-16. — S.

155. Louis Jos. *duc de Vendôme*. N. 1654, m. 1712. — D. s. Verrue, 23 mars 1705. — S. — 1 portr.

156. Louis Alex. de Bourbon, duc de Penthièvre, etc. N. 1678, m. 1737. — D. s. Strasbourg, 20 juin 1732. 1 portr.

157. Louis Jean M.e de Bourbon duc de Penthièvre; amiral. N. 1725, m. 1793. — L. s. Vernon, 19 sept. 1793, in-16.

158. Charles III de Bourbon le *Grand Connetable de Bourbon*. N. 1490, m. 1527. L. s. à Alfonso Ferramosca. Milano, di.... de novembre, 1526.

1[2 p. in 4. — S. et adresse. — D. s. sur parch. Milan, 1 déc.
1526, accompagnée d'un decret au nom de l'emper. Charles V avec
le S. impér. *2 p.*

159. **Rois de Naples**: [Maison d'Anjou]. René d'Anjou, roi de Naples et de
Sicile. N. 1408, m. 1480. — L. s. au duc François Sforza; Alexan-
drie, 1 sept. 5 lign. in-4. — S. et adr. — 1 portr. 1 vig.

160. Jean II d'Anjou, fils du précéd. N. 1426, m. 1470. — L. s. à Pierre
de Pactiis; Gênes, 8 juin, 1458. 1 p. in-4. — Quelques petits trous.

161. René II d'Anjou, m. 1508. — L. s. Paris, 18 juin 1499. 1[2 p. in-4.

162. Charles d'Anjou, neveu de René I. m. 1481. — L. s. Avignon, 13
aoûr. 1[3 de p. in-4.

163. François III de Lorraine, emper. d'Autriche (1 l. s.); Ch. Henri de
Lorr. prince de Vaudemont (5 d. s.); Antoine duc de Lorr. fils de
René II (1 d. s. sur parch.); Charles V duc de Lorraine (1 l. s.);
Ch. Alexandre duc de Lorraine, frère de l'emp. François I (1 l. s.)
9 pièces.

164. **Maison d'Aragon, d'Autriche, de Bourbon.** [Rois et princes d'A-
ragon, de Castille, etc., et depuis d'Espagne]. — Alphonse V roi
d'Aragon et de Naples. N. 1393, m. 1458. L. s. à Bernardo de Me-
dicis. Naples, 8 sept. 1455.

165 Jean II, roi d'Aragon. N. 1397, m. 1497. — Longue lettre en 3 p.
et 1[6 in fol. presque toute en chiffres. La moitié inférieure de la
3.ème page à été enlevée.

166. Ferdinand V le Catholique, fils du précéd. N. 1452, m. 1516. — L. s.
à J. Gal. M. Sforza; Compluti, 18 nov. 1485. 2[3 de p. gr. in fol.
— Adresse. — L. s. aux ducs de Milan; Tolède, 31 janv. 1480. —
2 pièces — 3 portr.

167. Philippe I, le beau, roi de Castille. N. 1478, m. 1506. — L. s. à
Ludovic Sforza. Bruxelles, 28 févr. 1498. 1[2 p. in-4. — S. et adr.
3 portr. etc.

168. Charles I, roi d'Espagne (Charles Quint empereur). N. 1500, m. 1558.
— L. s. à Ferdinan de Gonzague prince de Molfetta: 13 sept. 1537.
— S. et adr. — 3 portr., etc.

169. Philippe II, roi d'Espagne. N. 1527, m. 1598. — 5 D. s. in-4. — S.
— 10 portr. etc.

170. Jean d'Autriche, le vainqueur de la bataille navale de Lépant en 1571.
N. 1546, m. 1578. — L. s. Madrid, 31 mars 1571. — S.

171. Isabelle-Clare Eugénie d'Autriche, fille de Philippe II. N. 1566,
m. 1633. — 24 l. s. à son châtelain D. Juan Bravo de Lagunas.
In-4, avec S. et adr. — 1 portr. etc.

172. Philippe III roi d'Espagne. N. 1578, m. 1621. — 2 l. s. in-4. — S.
et adr. — 2 d. s. in-4. — S. — 5 portr. *4 p.*

173. Philippe IV, roi d'Espagne. N. 1605, m. 1665. — 6 l. s. in-4. — S.
et adr. — 3 portr.

174. Charles VI emp. (III d'Espagne et des deux Siciles). N. 1685, m. 1740.
— 2 l. s. in-4. — S. et adr. — 3 D. s. in-4. — S. — 1 D. s. sur
parchemin. — 1 portr. *6 p.*

175. Elisabeth-Christine de Brunswick; femme du précéd. — 3 l. s. —
S. et adr.

176. Charles IV, de Bourbon, roi d'Espagne et des deux Siciles. N. 1747,
m. 1851. — D. s. De S. Ildefonso, 26 sept. 1797. 1[2 p. in-fol.;
contresigné par Manuel de Godoy. — 1 portr. de Godoy.

177. Isabelle II reine d'Espagne. N. 1830. — 2 l. s. et 2 l. s. de son
époux François d'Assise (m. en 1902). *4 pièces* et 4 portr.

178. Marie-Anne-Joseph.-Antoin. deuxième fille de l'emp. Léopolde I.
N. 1683, m. 1718. — 1 l. s. Lisboa, 18 août 1711. - S. et adr.

179. Ferdinand d'Autriche, archev. de Tolède (1 d. s.) — Charles II, Philippe V etc. 6 p. avec la signat. faite au timbre. 7 *pièces*. — S. et
adresse.

180. **Maison d'Autriche**. — [Empereurs d'Allemagne. — Branches de
Tyrol, Stirie etc.]. — Frédéric III d'Autriche, empereur. N. 1415,
m. 1493. -- L. s. (1479). · 1|2 p. in-4 obl. — S. et adr. —
1 portr. etc.

181. Maximilien 1 emp. fils du précéd. N. 1459, m. 1519. — L. s. par laquelle l'empereur notifie à Maximilien Sforza son élection à seigneur
de Pavie: (1499). — 5 lignes in-4. — S. et adr. — 1 portr.; méd.
grav. etc.

182. Blanche M. Sforza, 2.me femme du précéd. N. 1472, m. 1510. — L.
s. à Ludovic Sforza, Wormatia, 15 sept. 1490, 2|3 de p. in-4. --
S. et adr. — 1 portr.

183. Charles V, emper. fils de Philippe le Beau. N. 1500, m. 1558. — L. s.
Augusta, 3 août 1551 à Ferdinand de Gonzague, gouvern. de Milan.
1|2 p. in-4 — S. et adr. — 2 d. s. — S. et adr. — 10 portr.
3 vign. etc.

184. Ferdinand I, emp., roi de Bohème, d'Hongrie et des Romains etc.,
frère de Charles V. n. 1503, m. 1564. — 3 d. s. et 1 d. sur parch. --
S. et adr. — *1 p.* - 1 portr. et 1 vign.

185. Maximilien II, empereur, etc., fils du préc. N. 1527, m. 1576. —
4 d. s. dont un imprimé. -- 6 portr., 1 vignette.

186. Ferdinand d'Autriche, comte du Tyrol, 2.me fils de l'emper. Ferdin. I.
N. 1529, m. 1595. — 5 d. s. — S. et adr. — 4 portr.

187. Léopold V, frère de l'emp. Ferdin. II, évêque de Strassbourg. N. 1586,
m. 1632. - D. s. 1624, — S. et adr. 1 portr.

188. Rodolphe II, emper. N. 1552, m. 1612. — 4 d. s. dont 1 sur parch.
S. et adr. — 7 portr. etc.

189. Mathieu, emper. N. 1561, m. 1619. — 3 d. s. — S. et adr. —
6 portr.

190. Ferdinand II, emp. N. 1578, m. 1637. -- 2 d. s. — S. — 2 portr.
1 v. etc.

191. Eléonore Gonzaga, 2.me femme du précéd. — L. s. à la comt. Flavia
Guerrieri; Viena, 24 juill. 1637. 1|3 de p. in-4. -- S. — 1 portr.

192. Ferdinand III, emper. N. 1608, m. 1657. — 2 d. s. - S. — 1 portr.

193. Léopold I, emp. N. 1640, m. 1705. — L. a s. dem Obl. Hallmeister.
Wien, 19 juin 1675. 1|3 de p. in-4. 2 d. s. — S. — *3 p.*
1 portr.

194. Eléon. Magd.-Thérèse, 3.ème femme du précéd. N. 1654, m. 1720. —
2 l. s. — S. et adr. — 1 portr.

195. Joseph. I fils du précéd. N. 1678, m. 1711. — 1 L. s. Vienne, 1 janv.
1710. 1|2 p. in-4. S. — D. s. — S. — Demande de grâce accordée;
avec trois lignes aut. s. Vienne, 12 août 1705. — S. — 3 p. 3 portr.

196. Wilhelmine Amélie, femme du précéd. m. 1172. — 1 l. s. In-fol. — S.

197. Charles VI empereur. N. 1685, m. 1740 — 5 D. s. dont un avec 19
lignes autogr. en latin. - S. — 2 portr.

198. Elisabeth Christine de Brunswick, femme du précéd. - 2 L. s. --
S. et adr.

199. François de Lorraine, emp. époux de Marie Thérèse. N. 1708, m. 1765.
2 D. s. — S. — 3 portr. — 1 arbre généal.

200. Marie Thérèse, impératrice, fille de Charles VI. N. 1717, m. 1780. —
7. D. s. — S. — 3 portr. 2 biographies.

201. Joseph II, emper. fils de l'emp. François. N. 1741, m. 1790. — 3 D.
s. — un S. — 2 portraits.

202. Léopold II, emper. frère du précéd. N. 1747, m. 1792. — 3 D. s. —
2 portr.

203. Ferdinand, troisième fils de l'emp. François; gouverneur de la Lombardie. — 2 D. s. — S. — 2 feuilles de protocol annotées de sa
main. — 4 *pièces*. — 2 portr. etc.

204. François II (I) emper. N. 1768, m. 1835. — 3 D. s. — S. — 1 sign.
découpée; 8 portr. etc.

205. Ferdinand I emper. N. 1793; abdica en 1849. — 1 D. s. — 3 portr.
5 proclames de 1848 et 1859 imprimés.

206. Charles II archiduc (1 l. s.); Ernest II arch. (1 l. s.); Albert II, arch.
1559-1621 (2 d. s.); Elis. Clara sa femme (1 l. s.); Maximilien arch.
(1 d. s.); Claudia de Médicis (1 l. s.); Léopold, arch. (1 d. s.); Éléo-
nore Gonzaga (2 l. s.) *10 pièces*. S. — portr. etc.

207. Charles VII duc de Lorraine (1 l. s.); Marie Béatrix d'Este (Note a.
s.); Charles Louis archiduc (2 p. s.); Jos. Ant. Jean arch. (1 d. s.);
J. B. Joseph, id. (2 ff. avec notes a.); L. J. Antoine, id. (2 sig. déc.);
Renier, id. (1 l. s. - 2 d. s.); Marie Elis. sa femme (1 l. a. s.) *11
pièces avec S. portr.*

208. **Ducs: Electeurs: Grands électeurs; Rois de Saxe;** Branche Alber-
tine et Ernestine; principautés latérales. — Auguste I duc élect. de
Saxe (1 l. s.); Christian II, id. (1 l. s.); Jean George I. id. (3 l. s.);
Jean George II, id. (4 d. s.) *9 p.* avec S., portr. etc.

209. Jean George III, id. (1 d. s.); Fréd. Auguste II, id. et roi de Pologne
(3 d. s.); Auguste III, id. (1 d. s.) *5 pièces*. S. — portr.

210. Maurice, comte de Saxe, maréchal de France en 1744. — Avis imprimé avec sa sign. aut. (1748).

211. Auguste I, premier roi de Saxe (2 d. s.); Fréd. Auguste II, roi (1 d.
s.); Jean, roi (1 l. a. s.); Ernest I, duc de Saxe Gotha Altenbourg
(2 d. s.) *6 p.* — S. portr.

212. Jean Casimir duc de Saxe Coburg. (1 d. s.); Guillaume; Albert; Jean
Ernest duc de Saxe Weimar (1 d. s.); Christien duc de Saxe Zeitz,
cardin. (1 l. s.); Ernest duc de Saxe Hildbourghausen (1 l. s.) etc.
12 pièces. — S. — portr.

213. **Ducs de Brunswick et Lunebourg; Hesse.** Louis, prince de Anhalt
Coethen (1 l. s.); Frédéric, landgrave de Hesse, cardinal (1 l. s.);
Auguste, duc de Brunswick (2 l. s.); Léopold, landgrave (1 l. s.)
5 pièces.

214. **Rois de Bavière:** Louis Ch. Aug. roi (1 l. s.); Maximilien II, roi (1
l. s.); Elisabeth Adélaïde, femme de Ferdinand, duc (1 l. s.); Henri
Jules, évêque (2 d. s.); Fréd. Ulric (1 d. s.); George Guill. (1 d. s.)
7 pièces. — S. — etc.

215. **Barons de Lichtenstein:** Armann IV (1 d. s.); George Erasme (1 d. s.);
— **Princes de Lichtenstein:** Charles (2 d. s.); Gundaker (1 d. s.);
Ch. Eusèbe (1 d. s.); Jos. Venceslas (1 l. s.) *10 pièces*. — S. —
portr.

216. **Prince de Reuss Plauen:** Henri XV comand. milit. de Venise (1 l.
et 3 d. s.); — **Ducs de Wurtemberg** et Teck, Evérard (1 d. s., endomm.); Henri Frédéric (ordonn. s.) — S. — 6 pièces.

217. **Rois de Bohême et Hongrie:** — Ladislas IV (VI) N. 1456 m. 1516
2 l. s. Bude. In-f. — S. — 1 portr. 1 biogr.

218. Béatrix d'Aragon, femme du précéd. — L. s. à Ludovic Sforza ;
Strigonii, 25 janv. 1498. 1|2 p. in-4. — S.

219. Ludovic II Jagellon, fils du préc. N. 1506, m. 1526. — L. s. Bude,
anno tertio. 1|2 p. in-fol.; endommagée sur le bord supér. — 3 portr.

220. Marie d'Autriche, sœur de Charles V, femme du précéd. N. 1503,
m. 1558. — L. s. Bruxellis, 9 sept. 1536. 1|3 de p. in-4. — S. —
2 portr.

221. **Rois et princes de Pologne.** — Maximilien arch. d'Autriche, roi.
N. 1558, m. 1618. — 1 d. s.   S. — 2 portr.

222. Frédéric-Auguste, dit le Fort, roi. N. 1670, m. 1733.   3 d. s. — S.

223. Stanislas Leckinski, roi. N. 1682, m. 1766. — 1 d. s. sur parch. —
1 portr.

224. Stanislas Poniatowski, roi. N. 1733, m. 1798.   L. s. au comte C. To-
relli ; Varsavie, 25 juill. 1767. 1|2 p. in 8. — 2 portr.

225. Frédéric, élu roi de Bohême en 1619 (depuis déposé); (1 l. s.); Marie
Christine (1 d. s.) Alb. Casimir (1 d. s.) — 3 p.

226. Princes de **Transilvanie.** — Gabriel Bathori (1 l. s.); George Ra-
koczy (1 l. s.); Étienne comte de Thököli (1 l. s.); Eméric comte
de Thököli (1 l. s.) 4 pièces.

227. **Margraves,** Electeurs de Brandebourg, depuis **Rois de Prusses** et
autres princes de la famille Hohenzollern : — Joachim-Ernest, chef
des margraves. N. 1583, m. 1625. — 1 d. s. — 1 portr. etc.

228. Frédéric-Guillaume d'Hohenzollern dit le Grand Electeur. N. 1620,
m. 1688. — 3 d. s. — S. — 4 portr.

229. Frédéric I, electeur, depuis roi de Prusse. N. 1652, m. 1713. — 1 d. s.
— S. — 1 portr.

230. Frédér.-Guillaume I, roi. N. 1688, m. 1740. — 2 d. s. — S.

231. Frédéric II, le Grand, roi. N. 1712, m. 1786. — 3 l. et 1 d. s. —
1 S. — 4 pièces. — 5 portr., 1 biogr.

232. Fréd.-Guillaume II, roi. N. 1744, m. 1797. — L. en ch. s. — 1 p. et
2 lign. in-fol. avec les signatures du comte de Finkenstein et du
comte d'Alvensleben. — 1 portr.

233. Frédér.-Guillaume III, roi. N. 1770, m. 1840. — 1 l. et 1 d. s. — 3 portr.

234. Frédér.-Guillaume IV, roi. N. 1795, m. 1860. — L. s. Berlin, 25 nov.
1834. — 1|2 p. in-8. — 1 portr., 1 biogr.

235. Joseph prince de Hohenzollern-Heckingen. (l. a. s. 1823); Aug.-Fréd.-
Guillaume prince de Prusse (L. s. 1816); Frédér.-Charles (D. s. 1839).
3 pièces.

236. **Rois de Danemark, Suède et Norvège.** — Christian IV roi de
Danemark et de Norvège. N. 1577, m. 1648. — D. s. Friederich-
sbourg, 30 oct. 1601. — 4 portr.

237. Christine, reine de Suède. N. 1626, m. 1689. — D. s. Stockholm,
19 août 1653. — S. — 4 portr.

238. Frédéric I, roi de Suède. N. 1676, m. 1751. — D. s. — S. — 1 portr.

239. Gustave III, roi de Suède. N. 1746, m. 1792. — D. s.   1 portr.

240. Charles-Jean XIV (J. B. Bernadotte) roi de Suède et Norvège. N. 1764,
m. 1844. — 2 L. s. 1 portr. etc.

241. **Famille Bonaparte**: Napoléon I. emper. et roi, N. 1769, m. 1821. —
10 D. s., dont huit en qualité de Général en chef (an IV, V, et VI
Rép.); un en qualité de Premier Consul (an. 11); le dernier en Empereur (21 nov. 1811. — 2 autres D. non s. — 12 p. — Ces pièces
portent aussi plusieurs signatures de ministres, généraux et membres
du Directoire.

242. Plan inédit de la bataille de Wagram le 5 et le 6 juillet 1809; dessin de l'époque exécuté par l'État Major de Napoléon. — Description de la bataille et vignette.

243. Copie manuscrite du proclame lancé par Napoléon du Golfe Juan le 1.er mars 1815; 3 p. in fol. — 10 portraits de Napoléon. — 14 vignettes, descriptions de batailles; 4 opuscules; etc.

244. Marie-Josephine Tascher de la Pagerie, première femme de Napoléon I. — N. 1761, m. 1814. — L. s. Paris, 31 déc. 1808. 1¡2 p, in-4.

245. Marie-Louise, archid. d'Autriche, 2,ème femme de Napoléon. N. 1791, m. 1847. — L. a. s. au chev. Ferrari Sala, 27 sept. 1836, 1 p. et 1¡2 in-16 — feuillet de *notes* in-32, avec 6 lign. autogr. - 2 p., 5 portr.

246. Napoléon II, Fr.-Ch.-Jos.; roi de Rome, puis duc de Reichstadt, fils unic de Napoléon I. N. 1811, m. 1832. — Réscrit s. daté de Brünn 10 janv. 1830. 1 p. in-4. 4 portr., arm., etc.

247. Joseph Napoléon, roi de Naples, frère ainé de Napoléon I, N. 1768, m. 1845. — L. s. 1 p. in-4. — 3 portr.

248. Lucien Bonaparte, frère de Napoléon I. — N. 1775, m. 1840. — 13 doc. militaires s. — 3 portr.

249. Jérôme Napoléon, roi de Vestphalie, frère puiné de Napoléon I, N. 1784, m. 1860. — L. s. Paris, 20 Août 1849, 1 p. in-4. — 3 portr.

250. Eugène Beauharnais, fils de Joséphine, ensuite femme de Napoléon I, N. 1780, m. 1824. — L. a. s., ce 3 9bre à midi; 2 p. in-8. — 8 l. s. — 10 décret., doc. et rescrits s. — En total *19 p.* - 8 portr. et opusc., etc.

251. Auguste Amélie, femme du précéd. N. 1788. - 2 l. s. Milan, 13 juil. et 9 août 1709.

252. Caroline-M.e-Annonciade, soeur de Napoléon I.er et femme de Murat, N. 1782, m. 1839. — L. s. Florence, 21 août 1833; 2 pages et 1¡4 in-16. — 1 portr.

253. Joachim Murat, roi de Naples, N. 1771, m. 1815. — L. a. s. à Napoléon I, Paris, 20 mars 1810 à 7 h. du soir. 2 p. in-8. — Ordonn. s. du quartier général de Roverbella, 17 messid. an. IV. — D. s. Milan, 13 br. an. 10.° — *3 pièces.* — 7 portr. 1 vignette, etc.

254. Pauline Bonaparte, soeur de Napoléon I., femme du génér. Leclerc et ensuite du prince Camille Borghese. N. 1780, m. 1825. - L. a. s. Bagni di Pisa, 17 mai 1823; 2 p. in-16. — 2 portr., 1 vign.

255. Leclerc Ch. Em. général, premier mari de Pauline Bonaparte, soeur de Napoléon I, N. 1772, m. 1802. — 4 doc. s. — 1 portr.

256. Napoléon III, empereur, fils de Louis Bonaparte, N. 1808, m. 1873. — L. s. 1¡2 p. in-4, Paris, 20 févr. 1859. — Fac-simile en photographie du proclame de Napoléon III aux italiens le 8 juin 1859 à Milan, avec ses corrections et additions, telle qu'il est conservé à à la Bibliothèque Ambrosienne. — 7 portr.; proclames, etc.

257. Eugènie de Guzman comtesse de Théba, femme du précéd., N. 1826. L. s. Paris, 20 févr. 1859; 1¡2 p. in-4, 1 portr., etc.

258. Eug. Hortense Beauharnais (sign. déc.); Neipperg comte A.-Albert (2 l. s.). Bombelles comte Ch. (1. l. s.); Charles Bonaparte, prince de Canino (2 ord. du jour. a. s. et 1 p. aut.); Louis Lucien Bonaparte (1 l. a, s.); Fesch Jos. cardinal (2. d. s.); Félix Baciocchi (d. s.) *11 pièces,* portraits, etc.

259. **Maisons royales de la Grande Bretagne.** Edouard IV d'York, roi. — N. 1461, m. 1483. — 1 l. s. au duc de Milan; Londres, 18 févr. 1479. — 1¡3 de page in-4. — 1 portr., etc.

260. Jacques-Franç.Ed. Stuart, fils du roi Jacques II, N. 1688, m. 1766. 2 l. s. en franç. (1718 et 1740).

261. Jacques-Fitz.-James duc de Berwick, fils natur. de Jacques II, N. 1670, m. 1734. — 1 l. s. en italien; 29 juin 1722; 1 p. in-4.

262. Charles-Edouard Stuart, nommé le Prétendant, comte d'Albany, N. 1720, m. 1788. — L. s. Rome 7 de l'an 1741.

263. Louise-M.e-Caroline, comtesse d'Albany, femme du précédant; amie du grand tragique italien, Vittorio Alfieri. N. 1753, m. 1824. — B. a. s. al signor Michele Leoni; ce vendredi 13. — 1 p. in-16?. — 1 vign. 1 portr. de l'Alfieri.

264. George II de Brunswick Hanovre, roi. N. 1683, m. 1760. — 2 doc. s. — 2 port.

265. George III roi, success. du précéd. N. 1738, m. 1820. — L. s. à Napoléon I. consul. Londres, 10 sept. 1802; lettre de rappel de Antoine Merry, ministre plénipotencier, envoyé en France pendant le traité de Lunéville. — 1 portr.

266. Caroline Amélie Elisabeth, soeur du précéd. et femme de Georges IV. N. 1768, m. 1821. — L. a. s. en 3.ème personne à la comtesse Pino; Castel Coneto, 19 sept. 1819. 2 p. in-4: avec des expressions un peu railleuses à l'adresse de la comtesse. — 1 portr. et 3 autres du roi son epoux.

267. **Grèce**. — Othon I, roi de Grèce, élu en 1832. N. 1815. — L. s. Athènes, 3|15, janv. 1857. 1|2 p. in-4. 1 portr.

268. **Brazil**. — Pierre II d'Alcantara fils de Pierre I, emper. N. 1825, m. 1891. — L. s. Rio de Janeiro, 30 avr. 1847. 1|2 in-4. — S. — 1 portr. etc.

269. Thérèse Christine, femme du précéd. N. 1822, m. 1891. — 2 L. s. Rio de Janeiro, 26 mars 1844 et 30 avr. 1847. — 1 portr.

270. **Mexique**. — Maximilien Ferd. Jos, arch. d'Autriche, emper. de Mexique de 1864 a 1867. N. 1832, m. 1867. L. s. Mexico 9 juin 1866; 2 pamphl. 1 vign. etc. Y joint. 2 l. s. du génér. Almonte l'un des trois envoyés chargés de lui présenter la couronne impériale de Mexique et 1 l. a. s. de Gutierrez d'Estrada à Martinez del Rio, Paris, 4 de set. 1863, 4 p. in 16. — 1 l. a. s. et 1 l. s. du génér. Miguel Miramon qui avec le génér. Mejia mourut fousillé ainsi que l'emp. Maximilien le 19 juin 1867. — 5 *pièces*.

271. Marie Charlotte, fille de Léopold I roi des Belges et femme du précédent. N. 1840. — B. a. s. C.

272. **St. Domingo**. — Toussaint Louverture, chef de la révolte de l'île de S. Domingo contre les Français en 1792. N. 1743, m. 1803. — D. s. 26 frimaire.... (tranché sur le bord droit, enlevant deux ou trois lettres à chaque ligne). 2 p. in-fol. — 2 portr. etc.

273. **Governeurs de Milan**. Antonio de Leyva, le plus grand capitaine de Charles V; 1535-36. — 3 l. s. et 1 d. s. sur parch. *4 pièces*. — 2 portr.

274. Caracciolo Marino, cardin. 1536-38. D. Alphonse d'Avalos, marq. del Vasto; 1538-46. D. Alvaro de Luna, 1546. *12 pièces*. — 8. portr. etc.

275. Don Ferdinand Gonzague 1546-55: Gomez Suarez de Figueroa, 1555 *10 p*. avec 8. portr. etc.

276. Fernando Alvarez de Toledo, duc d'Alba 1555-56. 3 l. s. — 5 portr.

277. Christophe Madrucci, cardin. prince de Trente, 1556. Juan de Figueroa. 1557. Gonzalvo Ferr. de Cordova. 1558-60 et 1563-64. *17 pièces* avec S. portr. etc.

278. Franç. Ferd. d'Avalos, marq. de Pescara. 1560-63; Gabriel de la Cueva, duc d'Albuquerque. 1564-71; Alvaro de Sande, 1571-72. *22 pièces*. id. id.

279. Louis de Requesens, 1572-73; Antoine de Guzman y Zuniga, marq. di Ayamonte, 1573-80; Sancio de Guevara y Padilla, 1580-83. *18 p. id. id.*

280. Charles d'Aragon, duc de Terrenuove, 1583-92; Ivan Ferdinandez de Velasco, connetable de Castille, 1592-95 et 1595-1600; Pedro de Padilla, 1595. *23 pièces* id. id.

281. Pedro Endriquez de Acevedo, comte de Fuentes, 1600-1610; Juan de Mendoça, marq. de la Hynojosa, 1612-16; Pedro de Toledo Osorio, 1616 18; Sancho de Luna y Rojas, 1614. *11 pièces*, id. id.

282. Gomez Suarez de Figueroa y Còrdova, duc de Feria, 1618-25; Gonzalo Fernandez de Còrdova, 1626-29 et 1631 33. *22 pièces*. id. id.

283. Ambroise Spinola Doria, 1629-30; Alvàro Bazan, marq. de Santacrix, 1630-31; Don Fernand infant, cardinal, 1633-34; Don Gil de Albornoz, cardinal, 1634-35. S. et portr. *16 pièces* id. id.

284. Don Diego Fel. de Guzman. 1635-41; Juan de Velasco y de la Cueva. 1616 43; Ant. Sancho Davila-Toledo-Colonna, 1643-46. — *24 pièces*. id. id.

285. Bernardin Fern. de Velasco y Tovar. 1646-47. Inigo Fern. de Velasco y Tovar. 1647-48. Louis de Benavides, marq. de Caracena. — *21 pièces*. id. id.

286. J.-J. Théodore Trivulzio, cardin. 1656. Alph. Perez de Vivero 1656-60. Franç. Gaët. duc de Sermoneta 1660-62. — *31 pièces*. id. id.

287. Louis de Guzman, Ponce de Leon. 1662-68. Franç. de Orozco. 1668-69. Paul Spinola. 1669-70. - *27 pièces* id. id.

288. Gaspare Teller, duc d'Ossuna. 1670 74. Claudio Lamoraldo. 1674-78. Juan de Cabrera, comte de Melgar. 1678-86. — *29 pièces*. id. id.

289. Antoine Lopez de Ayala, comte de Fuensalida 1686-91. Diego de Guzman, marq. de Legunes 1691-98. Charles-Henry de Lorraine. 1698-1706. — S. *41 pièces*. id. id.

290. Eugène, prince de Savoie. 1706-1716. Maximil.-Ch. prince de Lewenstein. 1717-18. - *36 pièces*. id. id.

291. Jérôme, comte de Colloredo. 1719-1725. W.-Philippe, comte de Daun. 1725-1733. — *17 pièces* id. id.

292. Charles-Eman. III, roi de Sardaigne 1733-36. Gouvernement provisoire de 1734-36. Othon-Ferd. comte d'Iraun. 1736-44. George-Chr. prince de Lobkowitz. 1743. Jean Lucas comte Pallavicini. 1745-1753. Comte d'Harrach. 1717-50. — *40 pièces*. — id. id.

293. Comte B. Cristiani. 1753-58. François M. d'Este. 1754-71. Comte Charles de Firmian. 1758-82. Ferdinand arch. d'Autriche. 1771-96. Comte Joseph de Wilzeck. 1782-96. — *45 pièces*. — id. id.

294. Henri comte de Bellegarde. 1814-15. Comte Franç. Saurau. 1815-18. Comte Jules de Strassoldo. 1818 30. Comte Franç. de Hartig. 1830-1840. — *26 pièces*. — id. id.

295. Comte J.-B. de Spaur. 1810-18. Gouvern. provvisoire 1848 (1 d. s. *Borromeo*). Comte Joseph de Radetzky. 1848-58. Com. Alb. Montecuccoli 1849-10. Prince Ch. de Schwarzenberg. 1850-51. Com. Michel de Strassoldo. 1851-53. Bar. de Burger. 1853-59. Bar. de Kellerperg. 1859. Com. Gyulai. 1859. Cav. P. Hon. Vigliani. 1859. Com. Jos. Pasolini. 1860-61. Pes di Villamarina. 1862-68. - *23 pièces*. — S. portr.. programmes politiques, etc.

Artistes

296. Albani François, peintre (1578-1660)   L. a. s. Bologna, venerdi santo
   1640. 1 p. et 1|2 in-4. — portr. etc.

297. Aleotti J.-B. architect et litérateur ferrarais 1546-1636.   Compte s.
   20 déc. 1595. 2 p. et 1|2 in-4. — portr.

298. Alessi Galéas, célèbre architecte, élève di Michelange 1500-1572. —
   L. a. s. Gênes 30 avr. 1565; 1|3 de p. in-4. Mouillures d'eau. —
   S. — 3 vign.

299. Anderloni Pierre, prof. de gravure 1781-1849. — L. a. s. à sa femme.
   Milan, 4 oct. 1837, 1 p. in-4.

300. Appiani Andrée, peintre 1754-1817. 4 doc. s. — 1 portr., vign. etc.

301. Barbieri J.-Franç. dit le *Guercino*, peintre 1590-1646.   L. a. s.
   Bologne, 15 juin 1616. — 1|2 p. in-4.   1 portr., vignettes, etc.

302. Barca Antoine, architecte du XVI siècle. — 2 comptes-rendus a s.
   1611. — 3 p. in-4.

303. Bartolini Laurent, sculpteur, 1778-1850. 3 bill. et 1 l. a. s. *4 pièces*.
   — 2 portr.

304. Bassi Martin, architecte milanais, 1511-1591. Addition « alli capitoli
   delli pali » s. *Bassius*. 1 p. in-4.

305. Battisteli P. Franç. peintre bolonais. XVI-XVII siècle. — L. a. s.
   Parme, 2 oct. 1618. 1 p. in-4.

306. Beethoven Ludwig, célèbre compositeur, 1770-1827. — 2 l. a. s. et
   1 f. de musique a. *3 pièces*, 2 portr.

307. Bellini Vincent, célèbre compositeur, excellent mélodiste. 1802-35. —
   L. a. s. à Ricordi. Parme, 20 mars (1829); il lui demande une copie
   complète de la *Straniera*. 1 p. in-16. — 3 portr., biogr. etc.

308. Berlioz Hector, compositeur, 1803-1869. — « Thème du Repos de la
   S.te Famille dans la Fuite en Egypte » Deux lignes de musique
   avec paroles, signées. Dresde, 1 mai 1854. — Portr. biogr. etc.

309. Bodoni J. B., célèbre imprimeur, 1740-1813.   2. l. a. s. Parme, 31
   nov. 1773 et 16 août 1796; 1 p. in-4. — Portr. par *Rosaspina*.

310. Bossi Jos., peintre, et poète, 1777-1815. *6 pièces*. a. s. et dessins
   origin.

311. Cagnola marq. Louis; architecte milanais, 1762-1833. — D. s. 13
   juin 1810. 3 vignettes.

312. Campi Bernardin, célèbre peintre crémonais, 1522-1590.   1 l. a. s.:
   5 p. e 1|2 in-4, avec sceaux.

313. Canina Louis, savant écrivain, archéologue et architecte. — Contrat
   de location a. s. — une vign. etc.

314. Canonica Louis, architecte, auteur de l' « Arena » de Milan, 1764-1844.
   L. a. s. Milan, 16 avr. 1805; 1 p. in-4. — 2 vign.

315. Canova Antoine, le prince des sculpteurs du XIX siècle, 1757-1822.
   — L. a. s. Rome. 18 oct. 1794; 2 p. et 1|2 in-4.   L. a. s. Pos-
   sagno, 1-1-1799. 1|2 in-4. — D. s. — *3 pièces*. — portr. vign. etc.

316. Caradosso (Ambroise Foppa, dit.) célèbre orfèvre. XVI siècle. — L. a. s. Florence, 29 janv. 1195; 1[2 p. in-4.

317. Castelli Franç., architecte et peintre. XVII siècle. — L. a, s. Mil. 17 mars 1659. 2 p. in-4.

318. Cicognara co. Léopold, historien des beaux-Arts, 1769-1834. — 2 l. a. s. et 1 d. s. — 2 portr. biogr.

319. Cimarosa Dominique, célèbre compositeur 1754-1801. — 4 pages de musique avec paroles, portant l'authentique de son fils Paul.

320. Crescentini Jérôme, compositeur, 1769-1846. — 10 pages de musique avec paroles. 3 portr.

321. David Jacq. Louis, peintre de l'emp. Napoléon I, 1747-1825. — D. s. — portr. vignettes, etc.

322. David d'Angers, 1789-1856. B. a. s. (1831). Il donne deux médaillons pour la Loterie polonaise.

323. Déjazet M.e Virg., artiste dramatique, 1797-1875. — B. a. s. (petite déchirure) portr. etc.

324. Donizetti Gaetano; compositeur, 1798-1848, — 1 L. a. s. à Jean Ricordi: Napoli. 20 oct. 1835; 3 p. in-4 — 2 pages de musique s. — 2 portr. etc.

325. Flotow co. Frédéric, compositeur, 1812-83. — L. a. s. — Teutendorf, 4 oct. 1857. — 1 p. in-16. portr.

326. Gadio Barthélémy, crèmonais, archit. civil et milit. du XV siècle. — L. a. s. au duc de Crèmone à Pavie Asti, 17 fevr. 1467. — 3[4 de p. in-4. — S. et adr.

327. Gaforio Franchino, célèbre maître de musique du XV siècle. Cahier imprimé du 1.er livre de Rethorica M. T. Ciceronis, avec la note qui suit, de la main du maître: *Franchini Gafurij Eccle mla phonasci Liber.*

328. Gérard Franç., cél. peintre d'histoire, 1770-1836. — Quitance s. du «portrait en pied de S. M. placé dans la salle du zodiaque à l'Hôtel de Ville» 2 mai 1810. 1 portr. 3 vign.

329. Gomez A. Carlos, compositeur, 1839-9... L. a, s. Magg.º 5 Xbre 1884. 4 p. in-16. — 1 portr. et biogr.

330. Hayez Franç., peintre d'histoire, 1791-1882. — L. a. s. à la comtesse Ch. Maffei, Milano 5 oct. 1835, 1 p. in-4, — L. a. s. au chev. Londonio, Roma 26 dèc. 1810. — 2 *piè.*, portr., vignettes, etc.

331. Jesi Samuel. graveur en taille-douce, XIX siècle. — L. a. s., Milano 15 dèc. 1816. 2 p. in-4. — 2 gravures.

332. Kaulbach Guill., célèbre peintre allemand, 1805-74. 2 doc. s.; portr.

333. Le Sueur J.-Franç. maître de chapelle, 1763-1837. Billet a. s. 7 lign. in-13.

334. Listz Franç. pianiste et compositeur, 1811-86. — 3 L. a. s. in-11. 3 portr., etc.

335. Lola-Montez. danseuse espagnole. 1823-60. — Bil. a. s. 1 p. in-16. portr.

336. Longhi Jos. célèbre graveur en taille-douce. 1766-1831. — 3 l. a. s. et 2 d. s. — 5 *pièces*, portr., etc.

337. Marchesi Pompée, prof. de sculpture, 1790-1840. — 4 l. a. s.; 2 dessins. s. 6 p. 1 portr., 8 vign.

338. Mayr Jean Simon, compositeur, 1763-1845. — L. a. s. Bergamo. 21 sett. 1838, 2 pag. in-4, portr., biogr.

339. Mendelssohn-Bartholdy Felix, compositeur, 1809-47. — L. a. s. Berlin, 9 oct. 1842. 1 p. in-8, portr.

340. Mercadante Xavier, compositeur, 1797-1870. — L. a. s. Naples 30 nov. 1844. 2 p. in-8. — L. a. s. 8 août 1844. 1 p. in-4. portr., etc.

341. Méric-Lalande Henriette, cél. cantatrice, XIX sièc. — L. a. s. Plaisance 17 juill. 1835, 1 p. in-16, portr.

342. Meyerbeer Jacques, compositeur, 1794-1864. — L. a. s. 2 p. et 1|2 in-4. Valdagna, 29 août 1817. — L' a. s. 1 p. in-16. — 2 *pièces*, 2 portr.

343. Migliara Jean, peintre de perspective, 1785-1837. — 1 belles l. a. s. in-4, portr. et vign.

344. Milesville A.-Hon.-Jos., poète et auteur dramatique, 1788-37. bill. a. s. 6 nov. 1837, portr.

345. Monticelli Ange, peintre, XIX sièc. D. s. Milan, 10 août 1812. 1 vign., etc.

346. Morelli Alamanno, vaillant acteur, 1813-93. — 8 l. a. s., portr., etc.

347. Morghen Raph., le prince des graveur de notre temps, 1761-1833. — 1 l. a. s. à Pierre Camuccini, Firenze. 2 mai 1797, 1 doc. s. et une Relation a. s. — *3 pièces*. 1 portr., 1 vign., etc.

348. Nuvolone J.-B., peintre, 1619-1703. L. a. s. (s. l. ni d.) 1 p. et 1|3 in-4.

349. Offenbach Jacq., compositeur. 1819-80. — Bill. a. s. le 27 mai.

350. Pacini Jean, compositeur de mélodrames, 1796-1866. 1 l. a. s. Turin, 30 janv. 1846. 1|2 p. in-4. portr,

351. Paciotti Franç., architecte, 1521-1591. — L. s. Turin, 1.er avr. 1565. 1|2 p. in-4.

352. Paër Ferd., compositeur, 1771-1839. L. a. s. 1 p. et 1|2 in-4, portr.

353. Paganini Nicolas, le célèbre violiniste, 1784-1840. 2 cahiérs de musique autogr. « Aria nel Barbiere » — « Cavatina Didone » 2 portr.

354. Paisiello Jean, compositeur, 1741-1816. L. a. s. 5 juin 1810. 1 p. in-4. 1 portr., etc.

355. Parea Franç., archit., 1751-1834. D. s.

356. Pasta Judith., cantatrice de rare mérite, 1797-1865. — L. a. s. 1 p. in-16, 3 portr.

357. Pellegrini Pellegrino, dit Tébaldi, peintre, sculpt. et archit., 1527-1592. 15 l. et d. s. 1 portr. et 4 vign.

358. Piccini Nicolas, célèbre compositeur, auteur de plus que 150 mélodrames, 1728-1800. Deux pages de chant « Pange Lingua » 2 portr.

359. Piermarini Joseph, architecte, 1733-1808. 1 l. a. s. et 3 doc. s. — 7 *pièces*. 1 portr., 3 vign.

360. Podesti Franç., peintre d'histoire. 1811-...? 3 lignes a. s. 2 vignettes.

361. Pogliaghi Ludovic, peintre milanais. 4 bill. a. s.

362. Ponchielli Amilcar, compositeur. 1834-97. Bill. a. s. et doc. s. — 2 *pièces*.

363. Ricci Frédéric, compositeur. 1808-77. L. a. s. 3 p. in-8; feuillet de musique. — 2 *pièces*.

364. Ricci Louis, frère du précéd. compositeur. L. a. s. Trieste, 20 mars. 1843. 1 p. et 1|2 in-16.

365. Ristori Adelaïde, la grande tragique italienne. N. 1822. B. a. s. au crayon. Manheim, 7 août 1860. — Copie de contrat, portr. etc.

366. Rolla Alex., compositeur. L. a. s. 1757-1841. L. a. s. Milan, 10 juil. 1839. 2 p. in-8. — 2 portr.

367. Rosa Salvator, fameux peintre. 1615-73. L. a. s. avec le nom entier, 1 di giugno 1646; 1 p. in-4.

368. Rosaspina Franç., graveur. 1762-1842. L. a. s. 1|2 p. in-4. Biogr.

369. Rossi Ernest, cél. acteur tragique. N. 1829. — L. a. s. Milan, 10-3-75;
2 p. in-8. Portr.

370. Rossi Lauro, compositeur. 1812-85. — 5 l. a. s.

371. Rossini Joachim, le célèbre compositeur. 1 bill. et 1 l. a. s. — *2 p.*
Un beau portrait dessiné et signé par *Boilly, 1823*, etc.

372. Rubini J.-B. cél. ténor. 1795-1854. L. a. s. à sa femme. Liège,
6 7bre 1841. — 2 p. in-4. 3 portr.

373. Sabatelli Louis, peintre. 1772-1850. 2 l. a. s. 1 dessin à la plume;
1 portr.

374. Sanquirico Alex., peintre scénographe. 1777-1849. 1 l. et 2 d. s.
3 pièces, 2 portr., vignettes etc.

375. Sergent-Marceau Ant. Fr., graveur. 1751-1847. — L. a. s. Brescia,
11 nov. 1815. 1|2 p. in-8; vign. et un beau portr. de Canova, en
couleur.

376. Servais François, violoncelliste renommé. 1807-66. L. a. s. Magde-
bourg, 2 avr. 1814.

377. Spohr Louis, violiniste et compositeur. 1784-1859. L. a. s. Cassel,
17 juin 1845. 1 p. et 1|2 in-4. Portr.

378. Spontini Gasp., un des plus grands compositeurs. 1779-1851. — L.
a. s. Berlin, 13 mai 1830; deux demies p. in-4. 2 portr.

379. Taglioni Marie, la plus cél. danseuse du XIX siècle. 1809-84. L. a. s.
1 p. in-16. 2 portr.

380. Thalberg Sigismond, pianiste et compositeur. 1812-1871. L. a. s.
Newcastle, 24 janv. 1840. 1 p. in-8. 2 portr.

381. Ticozzi Etienne, auteur de biographies d'artistes. XIX siècle. 1 l.
a. s. 2 doc. s. *3 pièces*. Portr.

382. Toschi Paul, graveur. N. 1788. L. a. s. et l. s. — Vanvitelli Louis,
architecte. 1700-73. L. a. s. Caserta, 19 8bre 1753, 2 p. in-fol. —
En tout *3 p.*

383. Verdi Joseph, le gran compositeur. 1813-1901. 2 l. a. s. in-16. —
3 portr. etc.

384. Vernet Ant.-*Carle*-Hor., peintre. 1758-1836. Doc. s. Portr., vign.

385. Vestri Louis, acteur dramatique. 1781-1841. 2 l. a. s. in-4. 2 portr.,
biographie.

386. Viganò Salvatore, l'un des meilleurs coréographes. 1769-1831. 2 costumes de bal coloriés avec indications signées.

387. Volpato Jean, graveur très estimé. 1738-1803. 2 l. a. s. dont une très
endomm. par l'eau et l'humidité. Portr., vignettes.

388. Zingarelli Nicolas, compositeur, maître de Mercadante et Bellini. 1752-
1837. Doc. s. Portr.

389. **Peintres:** Adam (Alb.); Albèri (Franç.); Ammerling (Fréd.); Arienti
(Ch.); Arrigo (Att.) dessin; Bellasio (Ch.); Bisi (Jos.); Bisi (L.); Bison
(Jos.) 4 dessins; Bonaccioli (Gabr.); Bonetti (Ant.); Bosa (Eug.);
Brulott (Ch.); Calame (Alex.); Cavalucci (Ant.); Corneliani (Fr.);
Cornelius (P.); Detouche (L.-Did.); Diotti (Jos.); Domenichini (Gaët.);
Gallina (Gallo); Gamba (H.); Gonin (F.); Gozzi (M.); Gros (bar. J.-A.);
Hess (H.); Hess (P.) *32 pièces.*   Pourront être divisées.

390. — Inganni (Ange); Knoller (Mart.); Landi (Gasp.); Lipparini (Lod.);
Manfredi (Bl.); Molteni (Jos.); Pagliano (Eleutère); Palagi (Pel.);
Rosa (Jos.); Sacchi (L.); Sala (El.); Sebron (Hipp.); Serangeli (Jo.);
Servi (J.); Speluzzi (Gaët.); Taparelli d'Azeglio (Max.) 1 b. a. s.;
2 diplomes; Traballesi (Jul.); Trecourt (Jacq.); Vaccani (Gaët.)
dessin; Valentini (Goth.); Van Haanen (R.); Werner (Ch.); Zani (P.).
30 pièces.   Pourront être divisées.

391. **Sculpteurs**: Agliati (L); Baruzzi (Cinc.); Cacciatori (Ben.); Canella (Jos.); Costoli (A.); Fraccaroli (Inn.); Franchi (Jos.); Gandolfi (Dem.); Labus (Jos.-A.); Magni (P.); Monteverde (Jules); Monti (Gaët.); Pacetti (Cam.); Pecis (J. de); Sangiorgio (Abb.); Schwanthaler (L.). *28 pièces.*   Pourront être divisées.

392. **Architectes:** Albertolli (Jacq.); Amati (Ch.); Antolini (J.); Barattieri (J.-B.); Bianconi (Ch.); Buzzi (L.); Casaretti (J.); Castelli (Ch.); Danieletti (Dan.); Ferrari (Dénis); Ferrari (Franç.); Foschini (Ant.); Frisi (P.); Garavaglia (M.) dess.; Kleuze (Leo); Lombardini (Elie) dess.; Lonato (Bern.); Lonato (Chr.); Mangoni (Fabius); Meda (Jos.); Mongoni (Jos.). *40 pièces.*   Pourront être divisées.

393. — Moraglia (J.); Morosi (Jos.); Motta (Fr.) dess.; Pirovano (Fr.); Pollach (Léop.); Quadri (J.-Lod.); Quarenghi (J.); Ricchini (Fr.); Rodi (Fa.) dess.; Segrè (Marc.); Siloni (J.-Fr.); Soave (Fel.); Soldati (J.); Tolomeo (Dion. Rinaldi, dit); Turconi (Fr.); Voghèra (L.); Zanoja (J.). *39 pièces.*   Pourront être divisées.

394. **Graveurs** en taille-douce; à l'eau forte; en médailles; en pierres fines, etc. -- Amsler (Sam.); Anderloni (F. et P.); Aspar (Dom.); Beltrami (J.); Benaglia (Jos.); Berini (Fr.); Bisi (Mich.); Caronni (P.); Cipriani (G.); Dupré (Ag.); Focosi (Rob.); Fontana (P.); Garavaglia (Giov.); Lasinio (C.); Kuolle (Fréd.); Mandel (Ed.); Manfredini (L.); Pividor (J.); Puttinati (Fr.); Ravenel (Sim.); Scotto (Jér.); Sivalli (L.); Vangelisti (Vinc.); Zambelli (J.-B.). *30 pièces.*
                                               Pourront être divisées.

395. **Dessinateurs**; sculpteurs en bois; typographes; etc. — Albertolli (Joc.) orn.; Bettoni (Nic.) typ.; Domenichini (J.) fig.; Durelli (Ant.) orn.; Levi (Michel) libr.-éd.; Moglia (Dom.) sculp. en b.; Picozzi (Ch.) dessinateur; Pistrucci (Phil.) peintre, poète improv., lith., grav. en t.-d.; Pomba (Jos.). *20 pièces.*   Pourront être divisées.

396. **Maîtres-compositeurs** de musique; artistes de chant; acteurs tragiques; acteurs comiques; coréographes; scénographes; etc. -- Bellotti-Bon (L.) aut. et act. dram.; Boccabadati (Virginie); Bottèro (Alex.); Canova (Jean) dram.; Carafa di Colobranc, compositeur; Carrion (Eman.) ténor; Dreyschook (Alex.) pianiste; Edel (Alfr.) peintre de costumes. *13 pièces.*   Pourront être divisées.

397. —: Eschborn (Natalie) harpiste; Ferravilla (Edouard) comique; Testa (Françoise) cant.; Fuoco (Sofia) danseuse; Galliari (Bern.) scénogr.; Galliari (Gasp.) idem; Giuglini (Ant.) ténor; Hiller (Ferdin.) pianiste; Landriani (P.) archit. et scénogr.; Majeroni (Ach.) direct. de compagnies dram. *16 pièces.*   Pourront être divisées.

398. = Maudanici (Pl.) composit.; Marenco (Rom.) coréogr.; Masutto (Jean); Maywood (Aug.) danseuse; Moncalvo (Jos.) comique; Mongini (P.) ténor; Morrocchesi (Ant.) comique et auteur de com.; Negrini (Ch.) ténor; Nini (Alex.) compos. de mus. dram. et relig.; Pieri (Gaspar) acteur et dir. de comp. dram.; Pollini (Franç.) composit.; Ronconi (G.) bariton; Rota (Jos.) coréogr.; Tommascheck (V. J.) maître et comp.; Ventura (Joan.) act. dram., poète et prof. *18 pièces.*
                                               Pourront être divisées.

Révolution Française

(1789-1804)

399. Bailly J. S.; président de l' Assemblée nationale, 1789. Doc. s. 10 juin 1791.

400. Barère de Vieuzac, député; fut décrété la *Terreur* à l'ordre du jour. « Réquisition du Comité du salut public » s. par Barère, Collot, Billaud-Varennes et autres.

401. Barras (de) comte P. Fr., député; président du Directoire, lieut. gén. de l'armée républ. — D. s.

402. Belle (de) J. F. J., génér. de division. m. à St. Domingo en 1802. — 5 doc. d.

403. Berruyer J. Fr. gén. en chef de l'armée de l'ouest en. 1793. 4 doc. s.

404. Boissy d'Anglas, membre du Comité du salut public. D. s.

405. Broglie (de) duc Vict. Fr. maréchal, ministre de la guerre en 1789. D. s. au camp près de Thionville, 19 sept. 1792.

406. Carnot (Lazare), conventionnel. D. s.

407. Casabianca J. M. génér. de division. 2 d. s.

408. Casabianca Raph. génér. de division. D. s.

409. Championnet J. Et. général; conquit le royaume de Naples. D. s.

410. Couthon Georges, jacobin. D. s.

411. Custine co. A. Ph. commandant de l'Armée du Nord. L. s.

412. Daunou P. Cl. Fr., conventionnel. D. s.

413. Despinoy co. Hyac. F. J., génér. commandant de la Lombardie. 1 doc. s.

414. De Vins bar. J. génér. commandant des troupes austro piémontaises contre celle de la républ. Française. 4 doc. s.

415. Dubois de Crance E. L. A. Maréchal de camp; député; doc. s.

416. Garant (P. A.); député; commiss. du Directoir en Italie. 2 doc. s.

417. Grégoire Henri, évêque, littérateur; député à la Convention de 1792. L. a. s. 1 p. et 1|3 in-8.

418. Guillotin (Jos. Ign.); inventeur de l'instrument de supplice. D. s.

419. Guyton Morveau (L. B.), chimiste, président de l'Assemblée législa-tive, etc. D. s.

420. Henriot Franc. successeur de Santerre dans le command. de la Garde Nationale de Paris. D. s. 3 juill. 1793, an 2 de la Rép. sur un feuille aux armes royales.

421. Hérault de Séchelles. M. J. Conventionnel et législateur de la Consti-tution de l'an III.

422. Joubert Barth. Général en chef. Doc. s.

423. Kilmaine Chr. Jos. général de division. 3 doc. s.

424. La Harpe Am. Em. général suisse au service de la république fran-çaise. 1 l. s.

425. Legendre Louis, conventionnel; le terrible accusateur de Louis XVI. D. s. avec Barras, Rovère et autres.

426. Letourneur Ch. Fr. conventionnel, ministre de la République. D. s.

427. Manuel L. P. conventionnel, président de la Commune à Paris; défenseur de la reine Marie Antoniette. l. s.

428. Marceau Fr. Sévérin; célèbre général de la Républ. française à 23 ans; mort à 27 ans sur le champ de bataille à Altkirchen. D. s.

429. Merlin de Douai co. Ph. Ant. jurisconsulte célèbre; président du Directoire; rédigea l'odieuse « loi des suspects » Auteur de plusieurs ouvrages. Rescrit en 2 lignes s.

430. Milet Mureau, bar. L. M. A. lieut. général. D. s.

431. Mirabeau (de) co. Hon. Gabr. le plus grand orateur de la République. L. a. s. *Mirabeau fils* à son oncle, Paris, 29 janv. 1784. 1 p. 1|2 in-8. Taches d'eau.

432. Moreau Jean, général en chef des armies républicaines. Doc. s.

433. Péthion de Villeneuve Jér. maire de Paris en 1791, seconda l'insurrection de 1792; trouvé mort dévoré par les loups. D. s.

434. Pouget bar. P. J. général D. s.

435. La Revellière Lépeaux (de) L. M. disciple de Rousseau, conventionnel, imagina la *théophilantrophie;* constant oppositeur de Napoléon; auteur. D. s.

436. Rey Ant. G. général de division. 2 l. s.

437. Rivaud, député et ambassadeur. 3. d. s.

438. Roland de la Platière J. M. une des plus grandes figures historiques de la Révolution française; se suicida en 1793. D. s.

439. Saint-Just L. A., conventionnel; guillottiné avec Robespierre.

440. Santerre Cl. command. général de la Garde Nationale de Paris; on lui attribue d'avoir faire battre les tambours pour étouffer les paroles que Louis XVI voulait adresser au peuple. D. s.

441. Scherer Barth. L. Jos. général en chef, ministre, etc. 3 doc. s.

442. Tallien J. L. conventionnel; contribua à la révolution du 9 thermidore; s'opposa à l'élévation de Bonaparte. D. s. (endommagé).

443. Trouvé bar. Cl. Jos. ambassadeur auprès de la République Cisalpine. 1 doc. et 1 rescrit s.

Epoque Napoléonienne

Consulat et Empire

444. Arrighi (Barth.) parent de Napoléon I. 1 doc. s.

445. Bellegarde (de) co. Henri, savoyard; feldmaréchal autrichien. 3 doc. s.

446. Belleville (de) baron, ministre, consul, etc. 2 doc. s.

447. Berthier Alex. maréchal. 13 doc. s.

448. Bertrand H.-Gr. maréchal, accompagna Napoléon à Ste. Hélène. 3. d. s.

449. Bessières J.-B. maréchal. L. s. Paris, 9 avr.

450. Bourrienne Fauvellet. ami et secrét. intime de Napoléon. B. a. s.

451. Brune Guill., maréchal. 9 d. s.

452. Cambacérès J.-J. Regis, président de la Convention nationale en 1792,
consul avec Bonaparte, etc. 1 l. s. Paris, 9 fruct. VI.

453. Clarke H.-J.-G., général, ministre, maréchal en 1816. 2 doc. s.

454. Colbert (de) co. P.-D., général. Congé absolu s. Versailles, 21 avr. 1815.
Ce congé est écrit sur une feuille portant les armes royales et cor-
rigée par la nouvelle administr. militaire de l' Empire des cent jours.

455. Daure, ordinateur en chef de la grande armée. 7 doc. s.

456. Dejean (co,) J. Fr. ministre direct. de l'Administration de la Guerre.
1802-1810. 3 doc. s.

457. Dembowsky bar. L.-M., général d' origine polonaise; au service de
la France depuis 1795. 9 doc. s.

458. Dumas (Math.); ministre de la guerre de Joseph Bonaparte. 3 doc. s.

459. Dupuy Dom., comandant de la place de Milan; suivre Bonaparte en
Egypte. 6 doc. s.

460. Duroc Gér. Ch. M., général, ami intime de Napoléon. 2 p. a. s.

461. Faypoult G. Ch. ministre et diplomate, présida à l'organization de plusieurs républiques de l' Italie. D. s.

462. Fauché Jos., conventionel; depuis ministre de la police. 2 doc. s.

463. Gouvion-St.-Cyr co. Laur., maréchal. Doc. s.

464. Hatzfeldt prince Fr.-Lud. gouverneur de Berlin en 1806, lors de l'en-
trée des Français dans cette ville. L. a. s. Trachenberg, 14 juill. 1818.

465. Holland (d') lord G. Rick., homme d'état; ce fut le seul anglais qui
cherchât d' alléger les maux de l'emper. Napoléon. L. a. s. Holland
House, octobre 24, 1816. 1 p. in-4.

466. Hulin co. P.-Aug. nommé le vinqueur de la Bastille; ensuite général
comandant les granadiers de la Garde Consulaire, etc. 13 doc. s.

467. Junot A. duc d'Abrantès. — D. s. Milan, 13 vend. an 5.e — Laure
duchesse d'Abrantès sa femme. L. a. s. 11 avril, 1838. 1 p. et 1|2 in-16.

468. Jourdan co. J.-B., maréchal. l. s. Paris, 5 avr. 1828; 2 p. 1|2 in-8.

469. Jullien M. A. secrét. de Napoléon. 4 l. s.

470. Kellermann Fr.-Chr., maréchal. L. s.

471. Kellermann fils, Fr. Et., général et pair. L. a. s.

472. Kleber J.-B., général, command. l' armée franç. en Egypte. 3 doc. s.

473. La Bédoyère (de) co. Ch. Ang., colonel; alla à la rencontre de Napoléon, quand celui-ci retourna de l' ile d' Elbe; fusillé à l' age de
27 ans. D. s.

474. Lacuée Gér.-J., général, ministre, conseiller d'état. 4 d. s.

475. Lafayette (de) marquis G., général, homme d'état célèbre pour l' influence qu' il exerca pour longtemps au profit de la liberté en
France. 1 l. a. s. et 1 l. s. 2 p.

476. Lamarque co. Maxim., général; homme de caractère ferme et modéré. 3 doc. s.

477. Lauriston (de) co. J. A. B., maréchal. D. s.

478. Lefebvre Fr. Jos., maréchal. D. s.

479. L' Espinasse (de) co. Aug., général; auteur d'ouvrages militaires. 3 d. s.

480. Macdonald Jacq.-Et., maréchal. 1 doc. s.

481. Maret H. B., ministre; intime de Napoléon I. D. s.

482. Marmont (de) Fréd., maréchal; deux fois funeste à sa patrie, en 1804
et en 1830. — L. a. s.: d. s.

483. Masséna Andr., maréchal, surnommé *l'enfant chéri de la victoire.* 4
doc. s.

184. Méneval (de) bar. Cl. Franç. secrét. de Joseph Bonaparte et de Napoléon; auteur de plusieurs ouvrages historiques. D. avec rescrit s.

185. Menou bar. Jacq. Franç., génér. en chef de l'armée en Egypte. 10 l. et d. s.

486. Melas (von) Mich., Feld-maréchal autrichien; perdit la fameuse bataille de Marengo en 1810. L. s.

487. Miollis co. Sexte-Al.-Fr., général; par ordre de Napoléon enleva le pape Pie VII de son siège au Quirinal. 5 l. a. s. e 4 d. s. *9 p.*

488. Moncey (de) B.-A.-J., maréchal. 5 doc. s.

189. Monnier co. J.-Ch., général; 4 l. et d. s.

190. Müffling (von) co. F. F., maréchal prussien, gouverneur de Paris en 1814-15. L. a. s. Berlin, 9.1.41; 1|2 in-4.

491. Montholon (de) co. Ch. Tristan, général et adjudant de Napoléon, et son compagnon de captivité à Ste Hélène. D. s.

492. Neipperg (de) co. Ad.-Adalb., feldmaréchal autrichien, second mari de Marie Louise veuve de Napoléon I. L. s.

493. Nesselrode (de) Ch.-Rob., secrétaire d'état d'Alexandre I, Nicolas I et Alexandre II emp. de Russie; joua un grand rôle dans les événement de l'ère napoléonienne. L. s. 4|16 nov. 1814, 1 p. in-4.

494. Neufchateau (de) N. Fr., sénateur et ministre. Quatre lignes a. s. en dessous de quatre vers en poésie que lui adresse le poëte Lebrun, afin que Raymond le laisse tranquille.

495. Ney Michel, maréchal, surnommé le *brave de braves;* fusillé en 1815. - 2 doc. s.

496. O'Méara (Barry Ed.), médecin de Napoléon, durant sa captivité à Ste Hélène. L. a. s. au chev. Vassalli; 3 Lyons Inn Strand, jules 21; l. écrite en franç., terminée par quelques lignes en italien: *spero che ritornerete presto coi mezzi di confondere i vili calunniatori di sua maestà e di mostrarli al mondo in tutta la loro turpitudine.*

497. Regnault de St. Jean d'Angély co. M.-L.-Et., député, rédacteur de plusieurs journaux républ.; secrét. intime de Napoléon; 2 doc. s.

498. Oudinot Ch.-Nic., maréchal. 1 b. a. s. et 5 doc. s.

499. Rey Jos., présid. de Tribunal à la Cour royale. — 1°) Discours à Napoléon après son retour de l'île d'Elbe; 9 pages in-4, a. s. — 2°) Extrait des mémoires de Carnot à Louis XVIII; 2 p. in-4; a.

500. Saliceti Chr., commiss. du Directoire; ensuite ministre de Jos. Bonaparte à Naples. 6 doc. s.

501. Savary A.-J., général; ministre de la justice. Doc. s.; 2 portr.

502. Sérurier co. J. M. Ph., maréchal. 2 d. s.

503. Sièyes Eman. Jos., (abbé, puis comte), président du Directoire; l'un des trois consuls avec Bonaparte. Rescrit s. sur un doc.

504. Souls Nic., maréchal. Doc. s.

505. Stadion (de) co. J.-Phil., ambassadeur autrichien; négocia plusieurs fois des alliances contre Napoléon. 5 l. s.

506. Suchet L. Gabr., maréchal. 8 doc. s.

507. Truguet co. L.-J.-Fr., amiral. 8 l. et doc. s.

508. Victor-Perrin, maréchal. 2 doc. s.

509. Villaret de Joyeuse co. L. Th., célèbre marin; vice-amiral et gouverneur de Venise. L. s.

510. Wellington (de) duc Arthur., général en chef de l'armée anglaise; vainquit Napoléon à Waterloo, 18 juin 1815. — B. a. s. en tierce personne; London, 20 avr. 1819.

511-512. Généraux du 1er Empire: Andreossi, Anthouard, Aymé, Balabio

Barbon-Descourières, Beaufort, Beaumont la Bonnière, Bisson, Campredon, Chasseloup-Laubat, Clermont-Tonnerre, Dalesme, Dumas, Dessolles, Fontane, Grenier, Guyot, Julhien, Lacombe, Lamartillière, Lamothe, Lecchi, Lemarrois, Lery, Mazzucchelli L., Menard Ph., Molitor, Paolucci A., Pignatelli Fr., Pully, Severoli, Soult P., Tilly, Verdier, Vignolle. — *119 pièces.*   Pourront être divisées.

République Cisalpine
et Ier Royaume d'Italie

513. Aldini (Ant.), ministre du royaume d'Italie à Paris. 6 doc. s.

514. Arese co. Fr. Th., ministre de la guerre du royaume d'Italie. D. s.

515. Baraguay d'Hillières, génér. gouverneur de la Lombardie, etc. 9 d. s.

516. Birago J.-Ambr., ministre du trèsor en Italie. 3 d. s.

517. Breme (de) marq. L. J. Ministre de l'Intèrieur en Italie. 9 doc. s.

518. Caffarelli co. Gr. M. adjudant de Napoléon I; ministre de la guerre du royaume, etc. 20 l. et d. s.

519. Caprara (Ch.) Commiss.-général du directoire de la République Cisalpine en 1797, etc. 3 l. a. s. et 1 d. s.

520. Charbonnières chev. Alex. Secrèt. Général de la république en Piémont, 1800. D. s.

521. Dandolo Vinc. gouverneur de la Dalmatie.   7 pièces s.

522. Daverio Mich., ecclésiastique; ensuite officier d'artillerie; enfin ecclésiastique: on a de lui divers ouvrages sur la Lombardie. L. a. s.

523. Fontanelli Ach., général; ministre dans le royaume d'Italie. 11 d. s.

524. Giovio co. Lud., conseiller d'état sous le royaume d'Italie. L. a. s. Milano 11 7bre 1826

525. Latolie Ch. secrét. du prince Beauharnais; historien. 2 d. s.

526. Lahoz Jos., général command. la lègion lombarde instituée par Bonaparte. 3 doc. s.

527. Lecchi Th., génér. command. les grenadiers royaux de Napoléon I. et général de la garde nation. en 1848. — 4 pièces s.

528. Litta duc. Ant., sénateur du roy. d'Italie. 2 d. s.

529. Luosi co. Jos. un des directeurs de la Rép. Cisalpine; sénateur du royaume d'Italie. 8 d. s.

530. Marescalchi Ferdin. Membre du directoire de la Républ. cispadane, etc., ministre du Royaume de l'Italie. 4 d. s.

531. Mèjan co. Et. ami de Mirabeau; secrét. du vice-roi Eugène Beauharnais. 7 d. s.

532. Melzi d'Eril duc Franç., vice-prèsid. de la Rép. Italienne; sénat. du Royaume. 1 l. a. s.; 8 d. s. 9 p.

533. Pancaldi Fr. ministre de l'intèrieur. 5 d. s.

534. Petiot Claude, gouverneur de la Lombardie pendant la Républ. Cisalpine. 12 d. s.

535. Pino co. Dom., génér.; ministre de la guerre du Royaume. 11 d. s.

536. Polfranceschi P. ministre de la guerre du Royaume. 4 d. s.

537. Prina Joseph., l'infortuné ministre des finances, assassiné par le peuple
le 20 avril 1814. 11 doc. s.

538. Serbelloni duc Jean-Galéas, 1.er présid. du Directoire de la République Cisalpine, ambassadeur; membre aux comices de Lyon. 6 d.
s.; 1 portr., arm.

539. Sommariva J.-B., secrét. général de la Rép. Cisalpine en 1797; président du Triumvirat provvisoir de 1800 à 1802. 3 doc. s.

540. Teulié P., général: ministre de la guerre du Royaume; mort au siège
de Colberg. 12 d. s.

541. Tordorò bar. J., ministre de la guerre à Milan en 1802, etc. 1 d. s.

542. Trivulzio co. Alex., général de la garde nationale de Milan en 1796;
ministre de la guerre en 1803, etc. 7 doc. s.

543. Vaccari co. L., ministre de l'intérieur du Royaume. 4 lettres a. s. et
3 d. s. 7 *p*.

544. Visconti Fr., membre du Triumvirat. 4 d. s.

545. **Généraux**: bar. Jos. Palombini; and. Milossevitz; Bonfanti; Fiorella;
Viani, etc. — *31 pièces*.

Indépendance de l'Italie

Hommes de guerre; ministres; patriotes; députés; etc.

546. Abamonti Jos. homme d'état, napolitain; pris part aux mouvements de
1798. L. s. 1[3 de p. in-4.

547. Acton Jean, ministre de la marine à Naples; en 1799. L. s. au comte
Zamboccari. Naples, 20 juill. 1790. 1 p. in-fol.

548. Antonelli card. Jacques, ministre d'état du pape Pie IX. L. s.

549. Avezzana Jos. général. L. a. s.

550. Bertani Augustin, médecin et patriote ardent. Bill. a. s.

551. Bonghi Ruggero, publiciste, ministre de l'Instruction publique; littérateur, traducteur de Platon. 5 l. aut. s.

552. Brofferio Ange, journaliste, député. 2 l. a. s.

553. Broglio Emile, secrét. du gouvernement provisoire de Lombardie en
1848; député, ministre, etc. L. a. s. 1 p. in-16.

554. Cairoli Benoit, ami intime de Garibaldi; député, etc. 2 l. a. s.

555. Cairoli Adelaïde Bono, mère des cinq héros: Benoit, Ernest, Louis,
Henri, Jean. Belle l. a. s. au marquis Philippe Villani. Gropello, 9
juin 68. 6. p. in-16.

556. Capponi marq. Gius. chef du parti révolutionnaire en Toscane. L. a.
s. Florence, 10 juill 1820, in-16.

557. Caracciolo prince Franç. amiral napolitain, cruellement condamné par
Nelson à être étranglé et jeté à la mer. L. a. s. Napoli, 13 luglio 1782,
et copie d'une autre lettre; 3 p. in-4.

558. Carrascosa bar. Mich. génér. de l'armée napolitaine, défectionna en
1820. D. a. s.

559. Castelli Mich. Ange, sénateur, ami et conseiller de roi Victor Emanuel II. B. a. s. 19 luglio, 1[2 p. in-16.

560. Cattanco Charles, historien, publiciste. 2 l. a. s. in-16.

561. Cavallotti Félix, poëte, politique, publiciste et soldat. 2 poésies aut. s. adressée à Achille Porta; il lui demande de l'argent.

562. Cavour (Camille Benso, comte de) le célèbre ministre du roi Victoir Emanuel II; Brouillon du discours de la couronne prononcé par S. M. Victor Eman. II au parlement à Turin le 18 février 1861; précieuse pièce autographe de Cavour, accompagné de documents et du portrait gravé par Calamatta. — 1 l. et 1 b. a. s.; 1 d. s. *En tout 4 pièces.*

563. Cialdini Henri, duc de Gaëte, général de l'armée italienne; ambass. sénat. L. a. s. Alessandria, 31 janv. 1855; 1 p. et 1t2 in-16, portr. etc.

564. Cibrario co. L. historien et ministre. L. a. s. Tor. 9 apr. 1852, in-16.

565. Confalonieri co. Fréd. patriote, conspirateur; arrêté en 1821, la peine de mort lui fut commuée avec celle de la prison perpétuelle à Spilberg. D. s. Milan, 7 mars 1820.

566. Correnti César, député et plusieurs fois ministre; dirigea la révolution lombarde de 1848. 2 bill. a. s. in-16.

567. Dall'Ongaro Franç. patriote, biographe, poëte, auteur dramatique très populaire. 4 l. a. s.; dont une adressée au général Garibaldi, Milan, 28 déc. (1859); il dit de lui envoyer une ballade: *I volontari della morte;* ensuite: *voi domandate un milione di fucili e li avrete; dalla sola città di Udine giunsero pur ieri oltre a 5000 fr.* etc. Sonnet a. s. *Il panettone. — 5 pièces.*

568. Depretis Augustin, président du Conseil des ministres pendant plusieurs années. L. a. s. 1t2 p. in-16.

569. Fabrizi Nicolas, général insurgea à Modène avec Ciro Menotti, combattit avec Garibaldi au Tirol, à Mentana, etc. L. a. s.; 4 p. in-16 — L. s. in-16. — *2 p.*

570. Fortis Léon, publiciste et député; fonda neuf gazettes dans diverses villes d'Italie. 7 l. a. s.

571. Grabinski Jos. général polonais; généralissime des armées révolutionn. de l'Italie centrale en 1831. D. s.

572. Galletti Jos. Ministre du pape Pie IX en 1848; président de l'Assemblée Constituente romaine en 1849; général de la gendarmerie. L. a. s. in-16 à Lor. Valerio député; il le remercie d'avoir élevé la voix en sa défense.

573. Garibaldi Joseph, héros légendaire de la liberté de tous les pays. 4 l. a. s. et 1 brouillon écrit au crayon. *5 pièces.*

574. Gattinara de Brême, abé Lad. ministre du 1er royaume d'Italie; publia avec d'autres amis la célèbre gazzette « Il Conciliatore » 1 d. s.

575. Gioberti Vinc. philosophe et politique; ministre en Piémont 1848-1849. L. a. s. et doc. s. *2 pièces.*

576. Guerzoni Jos. ami et secrétaire de Garibaldi. L. a. s. in-16.

577. La Farina Jos. historien, ministre, député, fonda à Florence, en 1839 l'*Alba* la première gazette périodique libérale d'Italie. 1 bill. a. s. 1 p. in-16.

578. La Marmora (de) co. Albert, général et historien. L. a. s. in-16.

579. La Marmora (de) co. Alph. Ferrero, ministre, général en chef des armes d'Italie. D. s.

580. Le Masson Alex. historien des campagnes de 1848. L. a. s. Gênes 3 9bre 50. 4 p. in-16. Il parle d'un procès de Capoue contre Turati, au sujet des ouvrages sur Custoza et Novare.

581. Maestri P. triumvir à Milan, août 1848. L. a. s. 3 p. in-16.

582. Mamiani co. Térence, ministre du pape Pie IX en 1849, ambassadeur
d'Italie, etc. 2 l. a. s.

583. Manara Lucien, l'un de chef des insurgents dans le cinq journées de
Milan, colonel comm. les bersaillers lombards, etc. Ordonn. militaire
a. s. Salò, 10 avr. 1848.

584. Mancini Pasc. Stan. jurisconsulte célèbre, député à Naples (1848),
ministre, etc. L. a. s. Torino, 30 marzo 1865. 2 p. in-16.

585. Mazzini Jos. philosophe, initiateur des agitations pour l'indépendance
de l'Italie, triumvir à Rome en 1849. L. a. s. 13 agosto, 1862, 2 p.
et 1|3 in-16. « *Oggi, il popolo italiano è compromesso; cade nel
ridicolo, se, dopo tanto gridio, non move alla volta di Roma..... si
tengano pronti a dirigersi ove importerà non sì tosto Gar.* [ibaldi]
*scenda sul continente. ..... che non si riducano alla parte di mac-
china, come i soldati di Vienna o del 2 dic....* (à la fin): *a me duole
un'unica cosa; ed è che Gar. indugi sì lungamente in Sic. Ei do-
vrebbe scendere a Napoli, anche individualmente.* — Bill. a. s. il
recommande *le porteur aux amis des corps de volontairs.* Milan,
23 aprile 48. — *2 pièces.*

586. Montanelli Jos. patriote. L. intéressante a. s. Parigi, 20 nov. 1849;
2 p. et 1|2 in-16.

587. Pacca Barth. cardinal, secrét. d'état du pape Pie VII. L. s. Rome,
25 nov. 1820.

588. Persano (di) co. Ch. Pollione, amiral; il comandait l'armée navale à
la désastreuse bataille de Lissa, 20 juill. 1866. L. a. s. 1 p. in-16.

589. Quadrio (Maurizio), grand patriote, conspirateur. L. a. s. au Grandue
de Toscane. Livorno, 7 8bre 1811. — L. a. s. Milano, 12 sett. 1862.

590. Ranza J. Ant. auteur de quelques ouvrages democratiques, tels que
l'*Amico del popolo*, etc. L. a. s. au Directoir exécutif; il espère que
l'on *encourage* son journal avec une gratification.

591. Regaldi Jos. célèbre poëte, patriote, exilé. L. a. s. à l'abé Mirabelli.
Casalnuovo, 2 9bre 1853. 1 p. in-4.

592. Ressi co. Adeod. prof. d'économie politique; renfermé comme suspect
de *carboneria* en 1821; mort en prison. — 3 doc. s. et 3 l. a. s.
dont une écrite de sa prison à sa femme, 28 déc. 1821. — *6 p.*

593. Ricciardi co. Jos. député, historien, patriote, dirigea le mouvement
des Calabres en 1848. L. a. s. Napoli, 29 ag. 1866; réponse écrite
sur une lettre que lui adressait T. Massarani. 4 p. in-16.

594. Rillosi Jos. juriscons. et poëte, auteur de poësies patriotiques. L. a. s.
1 p. in-4. — Poësie a. s. par laquelle il adresse le *testament* de
Pie VI. — Autre poësie d'envoi. Ces 3 p. sont adressées à Lancetti.

595. Rosa Gabriel, carte postale a. s.

596. Rossi co. Pélerin, diplomate, célèbre dans les révolutions italiennes
de 1815 et de 1848. L. s. Rome, 1.er juill. 1846. 1 p. in-4.

597. Saffi Aur., ministre et triumvir à Rome en 1849, ami de Mazzini. 2
bill. a. s. Losanna, 10 sett. 1890 et Forli, 27 lugl. 1888.

598. Saluzzo (de) co. Alex. Etait ministre de la guerre à l'époque révolutionnaire de 1821. L. a. s. et doc. s. Turin, 3 mars 1821. — *2 p.*

599. Santa Rosa (de) Pierre, promoteur du Statut constitutionnel, cousin
de Santorre. 2 doc. s.

600. Santa Rosa (de) Santorre, ministre, et l'un des plus actif promoteurs
de la révolution en 1821. L. a. s. à Porro; Nottingham, 28 ag. 1824,
sur sa proposition et l'acceptation de ses services à la cause de la
liberté de la Grèce. 3 p. in-16.

601. Sclopis co. Fréd. ministre de grace et justice de 1848 à 1849, président du Sénat, etc. 4 l. a. s.

602. Sirtori Jos. prêtre, conspirateur, soldat, grand patriote, chef d'état major de l'expédition des *Mille* en 1860, etc. Offrande s. pour un monument à Luciano Manara.

603. Sterbini Pierre, ministre du pape Pie IX en 1848. L. a. s. Losanna, 16 luglio 1850. Il lui envoie un article, et les salutations de Saffi et de Sirtori.

604. Trivulzio Belgiojoso Christine, écrivit des ouvrages d'argument politique et historique; en 1848 elle formait à ses dépens un bataillon de volontaires. L. a. s. au général Lecchi, (Brescia, 1848).

605. Türr Étienne, hongrois, figura comme général à l'expédition des *Mille*. 2 bill. a. s. Milan, 1861.

606. Ugoni bar. Camillo, instituteur, patriote. 9 l. a s.

607. Ulloa Jérôme, général; défendit la ville de Venise en 1849; général en chef des troupes toscanes en 1859. 2 l. a. s.

608. Verri frères Alexandre, Charles, Pierre; Longo Alph. chânoine, Beccaria César, Jos. Parini, Paul Frisi — collaborateurs avec d'autres amis, du periodique le « Caffè » inauguré en 1764. 7 l. a. s. et doc. s.

609. Zucchi Ch. général, prisonnier dans la forteresse de Palmanova, jusqu'en 1848. 1 l. a. s. et 3 doc. s. — *4 p.*

610. Généraux de l'armée italienne, sénateurs, députés: Allievi Ant. dép., Anelli L. dép., Arrivabene G. sén., Asproni G. dép., Bargoni A. dép., Bellazzi F. dép., Borromeo Arese V. sén., Boncompagni C. gén., Brignone Ph. gén., Buffa D. dép., Cadolini J. dép., Durando J. gén., Farini D. sén., Guerrazzi dép., Lazzaro J. dép., Lissoni A. mil. 1848, Macchi M. dép., Majorana Calatabiano dép., Musolino B. dép., Petruccelli della Gattina dép., Plezza J. sén., Quaglia dép. Ier présid. 1860, Salvagnoli min. sén., Sineo dép., Tenca C. dép., Torelli L. sén., Torrigiani P. dép., Varè G. B., dép. En tout *49 pièces*.

611. Ministres, gouverneurs, généraux autrichiens: Aspre feld-mar. (1848-49); Bubua co. Ferdinand, Frimont son successeur, Haynau gén. (1849); Lutzof ambass. (1848); Metternich ministre (1821-1859); Nugent gén. (1847-49); Nugent gén. 1814-49); Palfy gouv. de Venise en 1848; Shoenhals lieut-mar. (1848-49); Sommariva commiss. impér. (1814); Urban gén. (1859); Wallmoden gén. (1848-49); Woyna lieut-mar. (18-22 mars 1848); Wratislaw gén. (1831); Zichy (Venise, en 1848). En tout *51 pièces*.

Hommes d'état; hommes de guerre; politiques; diplomates; etc.

612. Amboise (d') Charles, maréchal et amiral de France. D. s. Mli, 17 nov. 1503. 1|2 in-4. - S.; taches d'humidité.

613. Amboise (d') George, un des plus grands ministres de France; m. 1510. L. s. Ex lugduno die XXVI jugnii 1508. — 1|3 de p. in-4. - - S. 1 portr. etc.

614. Bancroft George, un des plus grands hommes d'état americains de notre temps. L. s. Cleveland, 26 nov. 1831, 3 p. et 1|2 in-4.

615. Basta George, général; auteur d'ouvrages sur l'art militaire. D. s.
Hollop, 30 oct. 1600. 2 portr.

616. Beccaria César, l'immortel auteur du traité « Dei delitti e delle pene »
n. 1738 m. 1794. l. a. s.; brouillons de lettres s.; rescrits s.; en tout
15 pièces. — 5 portr.: biographies, etc.

617. Calco Bartolomeo, secrétaire de Ludovic le Maure. 5 l. s. S.

618. Colbert J. B., le célèbre ministre de Louis XIV. 3 doc. s. dont deux
sur parch. 6 portr.

619. Colonna M.-Antoine, lieut-général à la bataille de Lépante 16 oct. 1571.

620. Comines Phil., intime et ministre de Louis XI; L. s. au duc de Milan;
Molins en Bourbonnoys, 28 sept. 1|2 p. in-t. S. — L. s. au duc de
Milan; Plessis 17 d'oct.; 7 lign. in-4. — L. s. Argenton, 13 déc.
1|2 p. in-4. 3 *p.*

621. Concini Concino, plus connu sous le nom de *maréchal d'Ancre;* ma-
réchal, ministre et maître de Louis XIII; assassiné. D. s. 2 p. et 1|2
in-fol. Paris, 1 janv. 1612.

622. Ferrer Antonio, chancelier de l'état de Milan de 1619 à 1635; 2 doc.
s. *Ferrer.*

623. Giovanni da Bellinzona, secrétaire des ducs de Milan; l. s. Medio-
lani, 30 jan. 1168. 1|3 de p. in-4.

624. Landriano Antonio; noble milanais, qui fit proclamer Ludovic le Maure
duc de Milan. L. s. Papie, 5 junii 1488, 1 p. in-fol.

625. Lautrec (Odet de Foix, seigneur, dei; maréchal de France, lieute-
nant de François 1, perdit à la bataille de la *Bicocca*, 27 avr. 1522,
tout le milanais. D. s. sur parch. Mediolani, 14 martii 1521, 2 portr.
etc.

626. Leyva (de) Ant., un des plus fameux généraux de Charles Quint.
2 l. s. Piacenza 17 et 27 junii 1531; portr.

627. Livingstone Rob., grand politique américain. L. a. s. 8 juin 1797,
1 p. in-8.

628. Malvezzi Virgilio, sénateur bolonais, magnifique et généreux. L. a. s.
à Galéas M. Sforza; Bononia, 25 martii 1469; gr. p. in-fol. s.

629. Montecuccoli Raymond, général de l'Empire et historien; combattit
contre Turenne et Condé. D. s. 2 p. et 1|2 in-fol. 2 portr.

630. Montmorency (de) duc Anne, maréchal, connétable de France; se
rendit illustre sous quatre de ses rois. D. s. sur parch. St. Germain
en lays. 12 janv. 1518. s. 3 portr.

631. = Franç. son fils, maréchal. L. s. au card. Farnèse, mai 1566. S. portr.

632. Morone co. Girol., gran chancelier de François II. Sforza. — L. s.
Rome, 26 dic. 1513. 1 p. in-fol. S. — L. s. Milano, 17 oct. 1524.

633. Oxenstierne (d') co. Axel, grand chancelier à vie de Suède sous le
roi Gustave Adolph et la reine Christine. 2 doc. s. S. — 3 portr.

634. Perez Antoine, secrét. d'état et rival du roi Philippe II. 2 l. s. S.

635. Perrenot Nic., seign. de Granville, chancelier de Charles V. L. s. S.

636. Pitt Will., célèbre homme d'état anglais. D. s. 2 portr. etc.

637. Reschid Mustaphà, pacha; un des plus grands réformateurs politiques
othomans. L. a. s. Costantinople, 7 avr. 1846; 2 p. in-4.

638. Ricano (da) Orfeo, commissaire général des armées des Sforza, et
conseiller d'état. — *2 pièces* - Ordonnance s. 1 p. in-4. 2|3 de p.
in-4. s., avec des corrections; une large déchirure traverse les six
dernières lignes. — *2 p.*

639. Richelieu (de) duc L. Fr. Arm., maréchal de France. L. s. avec 4 lign.
a. 2 portr.

640. Romagnosi G. Dom., génie restaurateur de la philosophie civile. 1 l. a. s. à l'av. Ghislanzoni, Mil. 26 nov. 1808. — Demande s. de naturalization au royaume d'Italie, 8 febb. 1813; (lettre autobiographique). — Fragment d'un ouvrage; 4 pages in-4 autogr. — 8 d. s. En tout *11 p.*; 3 portr.

641. Sanseverino Robert, célèbre capitaine, fils de Lionel. L. a. s. à la duchesse de Milan, Bolog. a. di 28 giugno; 1 p. et 1|4 in-4 S. - Post-scriptum s. d'une lettre. — *2 p.* et portr.

642. Sigonio Charles, savant historien et jurisconsulte; créateur de la sience diplomatique. 10 lignes autogr. — *2 p.* et portr.

643. Simonetta Cicco, Ministre et conseiller de François I. Sforza et de son fils. l. a. s. à son frère Jean; Papie, 23 maij 1474, 5 l. in-4 - S. — 3 l. s. — 1 doc. s. sur parch. S. — « Resposte ad alcuni capituli domandati p lo Ill.mo duca d Ferrara in la conducta sua con la liga »; 2 p. et 1|3 in-fol. s. (la 1.ere page est un peu tachée). — En tout *6 pièces*. — Simonetta Jean, frère du précéd.; composa en vers latins « *la Sforziade* ». 1 l. e 2 post-script. a. s. — *3 p.* En tout *9 p.*

644. Spinola Ambr., général; commanda dans les Pays-Bas, et s'empara de cinquante places fortes. L. s.; 1 p. in-4; portr. arm. etc.

645. Stampa marq. Maximilien, confident de François II. Sforza; ambassadeur et gouverneur. L. s. — Di casa in Mlo a 12 dic. 1554. 1 p. in-4. S. arm.

646. Sully (duc de) Maxim. de Bethune. Ami, conseiller et premier ministre du roi Henri IV. Doc. s. sur parch. 4 portr. biog. etc.

647. Talleyrand-Perigord Ch.-Maur., célèbre diplomate et ministre d'état sous les différents gouvernements qui se succédèrent en France de 1789 à 1838. 3 doc. s.; 4 portr.

648. Tanucci Bernard., ministre du roi de Naples Charles III. et ensuite régent. 7 l. s.

649. Thiers Adolphe; historien et orateur, plusieurs fois ministre. B. a. s. à mad. la comtesse de Samoilow, lundi soir; 1 p. in-16; 3 portr. biogr. etc.

650. Triulzio Jean Fermo II, général de cavalerie. 2 l. s. — S.

651. Turenne (duc de) Henri de la Tour d'Auvergne; le célèbre maréchal de France. L. a. s. (pour M. Colbert), ce jamedi matin; 1 p. in-8; 5 portr.

652. Villars (de) duc L.-H., maréchal, général du roi Louis XV. D. s. S. 5 p. avec S. et une vign.

653. **Guerre des 30 ans: (1618-48).** — Waldstein Alb., Aldringer J., Althau M. A., Bauer G., Bathiani A., Brenner Jo., Brenner M., Buquoy C. B., Dampierre H. D., Dietrichstein M. et Fr., Dlauhensi J., Eggenberg J. U., Esterhazy X., Fernemont G. F., Gallas M., Isolani G. L., Klesel M., Kollonitsch S., Königsmark G. C., Kraft bar. Ign., Lamormain G., Lillie A., Lippay G., Mansfeldt E. et F., Questemberg Gh., Souches L. R., Strauch C., Talemberg Fréd., Thurn E. M., Tilly Z. Tzerclaes, Traun S. A., Verdenberg J.-B., Waldstein A., Hofkirchen G. A., Leslie W., Thurzó S. — *59 pièces*; S. portraits, etc.

654. **Guerre des 7 ans:** Contades, maréchal (1 d. s.); Daun Léopold (4 d. s.); Hadik Andr. (2 l. s.); Lacy M. (3 d. s.); Lobkhowitz A. A. G. (2 l. s.); Nadasdy Fr. IV. (2 l. s.); Neipperg G. R. (1 d. s.); Traun O. E. (2 l. s.) — *17 pièces*.

655. **Révolutions de Hongrie 1655:** Nadasdy Fr., Zrin N., Zrin P. —

1848-49; Görgey A., Klapka G., Kossuth L., Latour Th.-B., Meszarosz. L. — *17 pièces.*

656. **Indépendance de la Pologne:** Dabrowski G. E. (5 doc. s.); Kmàziewicz C. (2 d. s.); Grabinski J. (1 d. s.); Kosciuszko Thadée (l. s.); Malachowski C. (1 l. s.); *10 pièces.*

657. Lot d'aut. d'hommes d'états, ministres, hommes de guerre, etc. (Italie). Borromeo J., Botta-Adorno A., Caraffa A., Caroelli L., Ferrero-Fieschi Ch., Guasco Lud., Manara Prosp., Mellerio Giac., Serbelloni J.-B. et Jean, Sfondrato P., Stampa Ch., Christ., Jean, Guy-Ant., Stampa y Leyva, Tassoni-Estense Alph., Thiene J., Torniello J., Manfr., Villa Gh. Fr., Visconti Alb., Hannib., J.-B. — *59 pièces.*

658. — (id.). Archinto Ph. et Ch., Avalos (d') Alph., Avalos Ferd., Avalos Diego, Arese Barth., Bogino J. B., Borromeo G. et R., Botta-Adorno Al., Brignole-Sale Ant., Brivio Sforza, Brivio César., Castiglioni J. Et., Castiglioni Branda, Chiodo bar. Ag., Colonna Prosp., Ferrero Sébast., Gaufridi J., Montecatini Ant., Morone Sforza, Ormea (d') Ch. F. V., Orsini Virg., Pozzo di Borgo, Rossi P. M. co. di San Secondo, etc., etc. — *53 p.*

659. (idem). Leopardi P., Orsini Paul, Paradisi Jean, Rossi Jul., Sanseverino co. J.-Franç., Saracca J. B. le vieux, Serbelloni Gabrio, Sfondrato B., Simonetta Angelo, Speciano J. B., Taverna Franç., Taverna Et., Tensini Franç., Trivulzio J.-J., Trivulzio J.-J.-Th., Trivulzio Urb., Visconti Phil. M., Visconti-Arese Jal., Vistarini Lud., Zurio Jos., etc. etc. — *49 p.*

660. — (France). Abrial co. A. J., Argenson M. P., Biron L.-A., Chabot Léon, Chandieu, Changarnier N. A., Cubières A. L. D., L'Hôpital (de) M., Martens G. F., Molé M., Montalembert Ch., Montbarrey d. M. L., Montmorency J., Odilon-Barrot C. H., Villeparisis (de) *18 p.*

661. — (id.), Aguesseau (d') H. Fr., Bellegarde (de) duc Roger, Belle Isle L. Ch. A., Broglie (de) duc A. L., Harlay Ach., La Tour d'Auvergne (de) Henri, Le Tellier Mich., Louvois (de) marq. Fr. M., Molé Math., Montbel (de) co. G. J., Necker J., Nivernois (de) duc L. J. B., Noailles (de) duc. A. M., Potier de Gèvres L., Sartine (de) Ant., Toqueville (de) Al. — *18 p.*

662. — (Autriche). Almasy J., Althan Car Chr., Althan Eust., Bartenstein J.-Ch., Chorinsky J., Cobenzi J.-Ch., Cobenzl Phil., Collalto-Rambaldo, Colloredo-Mels Jos., Draskewitch J., Eggenberg Rob., Esterhazy P., Forgalsch Ad., Gera Ehr., Gersdorf G., Greissen Séb., Hadik And., Hager Sigism., Hardegg.-Glatz Ign., Harrasch L., Harrasch J. J., Harrasch Fr. Xav., Harsch F. Phil., Heberstein Ad., Hiller J., Hohenfeld Oth., Inzaghi Ch., Idevenhüller Sig.-Gréd., L. And., J.-Sig. Kinsky Ant., Kuefptein J., Königsberg L., Königsegg J. G. — *76 p.*

663. — (idem). Lamberg Sign., Lobkowitz Chr., Phil. et Ladisl., Lynden, Mamming M., Molart E. et Hans, Nadasd M., Obizzi F., Oettingen-Wallerstein Ph., Palffi J., Pecci N., Puchain J.-Chr., Puchner Ant., Pillersdorf Fr., Reising M., Rialp R., Richter X., Roggendorf J., Schoenberg H., Seld G. Sig., Sonenfelds J., Sprinzenstein Fd. Stein Ch., Suttinger J. B., Taffe L., Teufel A., Tharzo G., Tomasich Fr., Traun E., Unguad D., Ungrad Jean, Vacani C., Wallis Ol., Weingarten J., Wesseleny Fr., Wohlgemuth Jos., Wohlzogen J. Christ., Zinzendorf Albr., J.-Joach. et Philippe. *93 pièces.*

664. — (id.) Abele (d') co. Chr., Benedeck L., Busbee A. Gl., Hardegg (de) co. Fr., Herbertstein (de) C. Sig., Jörger J. Q., Kannitz V. A., Khevenhüller Fr. Chr., Kolowrath co. Fr. Ant., Königsegg (de) co. L., Martinitz Jar., Schwendi bar L., Wimpffen co. Fr., Zierotin bar. Ch. *26 p.*

665. — (Divers): Aberdeen G. H., Azara J. N., Bravo de Lagunas J., Brougham H., Clinton J., Croy (de) Phil., Cueva (de la) B., Gottlieb A., Guzman Gaspar, *el conte duque;* Hull Is., Jomini H., La Gardie M. Gabr., Le Harpe Fr. C., Laviefville Eust., Leyva (de) A. L., Manrica J. F., Marquez Léon, Müllner P., Pacheco co. J.-F. Palmerston lord H., Peel sir Robert, Perez Gouz., Reden Fe. G. O. Stourdza Grég., Torstenson Léon. Vargas Fr., Velasco y Fouax Fern., Verstolek (von) Car. J. F. — *32 p.*

Saints; dignitaires ecclésiastiques

666. Alberoni Jules, cardin.; premier ministre du roi Philippe V d'Espagne. 2 l. s.

667. Barbarigo Grégoire, (Bienheureux) cardin.; L. s. avec 5 lignes a. 1[2 p. in-4.

668. Baronio cardin. César; auteur des « Annales ecclesiastici ». L. a. s. Romae, nonis (5) jan. 1590. 1[3 de p. in-4.

669. Bembo card. Pierre; élégant écrivain en latin et en italien. Doc. s. sur parchemin. Romae, 13 aug. 1520.

670. François (Saint) de Paule; fondateur de l'ordre mon. des Minimes. Sentence en latin, en deux lignes, avec la souscription: *Franciscus Martotillo paulensis.*

671. Giovio Paul, évêque de Nocera; historien célèbre. 2 l. s.

672. Mai card. Ange, surnommé le « Colombe » des bibliothèques. L. a. s. 14 aprile, 1 p. et 1[3 in-4.

673. Mezzofante card. Jos., poliglotte célèbre, connaissant et parlant 58 langues. 3 doc. s.

674. Perrenot de Granville card. Ant. Conseiller et garde des sceaux de Charles V et de Philippe II. L. s. à don Ferrando Gonzaga; Brusselles, li 25 di febr. 1550. 1[2 p. in-4. S.

675. Quinones card. Franç., traita la paix entre le pape Clément VII et l'emper. Charles V. L. s. — S.

676. Sadoleto card. Jacq. littérateur, théologue, philosophe, écrivit dans le latin le plus pur. Doc. s. sur parch. Massiana, 19 maj, 1514.

677. Savelli J. B. card. reçu des charges très considérables sous les pontifes Sixte IV, Innocent VIII et Alex. VI. L. s. Perusie, 13 martii 1168. S.

678. Vincent de Paul (Saint). L. a. s. de Paris, ce 20 7bre 1659, 1 p. in-16. — S. 2 portr., biogr., vign. etc.

679. [Archevêques de Milan]. Borromeo Charles (Saint); — 1584. Longue lettre s. de 6 p. et 1[2 in-4 à monsgr. Nic. Ormaneto, vic. génér. du cardinal. Milano, à 30 di luglio 1566. — L. s. à l'évêque Giovio: Roma, 19 déc. 1562; 1[2 p. in-4.

680. — 1) Quatre lettres adressées par la cour de Madrid au card. Borromeo. — 2) Lettre du sén. Jean. Th. Odescalchi, dans laquelle il fait mention du coup d'arquebuse tiré contre St. Charles. — 3) Edit du cardinal pour l'observance des fêtes. — 4) Quatre lettres adr. au cardinal. — 5) Décrets du prince Eugène de Savoie, gouv. de Milan, pour la fête et l'octave de Saint Charles; 1708-1716. — *6 p.*

681. = [idem]: Amidano Nic. 1453-54; Arcimboldi G. Ant. 1188-97; Borromeo Fréd. 1595-1631; Monti Cés. 1631-52; Litta Alph. 1652-79; Caccia Fréd. 1693-99; Archinto Jos. 1699-1712; Erba Odescalchi 1713-37; Stampa co. C. G. 1737-42; Pozzobonelli 1743-83; Visconti Phil. 1783-1801; Caprara J. B. 1802-18; Gaisruck Ch. G. 1818-46; Romilli co. B. C. 1847-59; Ballerini Paul (elu en 1859). — En tout *31 p.*

682. [Cardinaux archevêques et légats des Marches et de la Romagne]. — Archetti J. A., Barberini B. (vénérable), Boncompagni L., Boncompagno Jér., Carafa di Trajetto, Ciacchi L., Codronchi A., Crescenzi M., Crispi Jér., Gaetani Bon., Giustiniani B., Gozzadini U. J., Marescotti G., Milesi G., Oppizzoni Ch., Paolucci F., Pignatelli Fr., Riminaldi J. B., Roverella B., Serbelloni F., Spinelli Ferd., Spinola Jér., Valenti-Gonzaga L., Vannicelli-Casoni L. En tout *32 p.*

683. Cardinaux; archevêques; évêques; prélats, dont la plus part italiens. Lot de *151 pièces* a. s. et pièces s.

684. = [idem. idem]. Lot de *93 pièces* id. id.

Hommes de lettres; Savants

Hommes de lettres; savants; philosophes; théologues; jurisprudents; archéologues; philologues; mathématiciens; astronomes; historiens; poètes; etc. etc.

685. Achillini Claude, poète. L. a. s. Bol., 1 lugl. 1627. 1|2 p. in-4.

686. Adelung J. Chr., linguiste et philologue; 2 l. a. s.

687. Affö p. Irénée; historien. 2 l. a. s.

688. Albrizzi (d') comtesse, Isabelle Teotochi. Dame lettrée, appelée par Byron la « Staël de Venise ». L. a. s. Venezia, 2 mar. 1811; 1 p. in-8.

689. Alciati Andrée, célèbre jurisconsulte; auteur des « *Emblemata* ». L. s. à Franc. Taverna; Ferrariae. VIII Kal mart 1514; 2|3 de p. in-4.

690. Alfieri Victor, le grand tragique. L. a. s. di casa, a di 28 9bre 1798; 1|2 p. in-4.

691. Algarotti Franç., auteur de nombreux ouvrages scientifiques. 2 l. a. s. et un beau portr. par Raph. Mengs.

692. Ampère J. J. bibliographe; 1 l. et 1 bill. a. s. in-16.

693. Andrieux Franç., littérateur. L. a. s. ce 28 févr. 1826, 1 p. in-16.

694. Angeli (degli) Pierre connu sous le nom de *Angelus Bargaeus;* poète latiniste du XVI siècle; pièce avec 10 lignes aut. (Manque un coin en haut).

695. Anquetil du Perron L. P. historien. Contrat de cession de son ouvrage l'*histoire de France* pour *1000* francs le volume, avec six lignes a. s. Paris, 18 vent. en XIII; 1 p. in-8.

696. Antiquario (Jacopo); érudit et mécénat des belles lettres. 2 l. a. s. et 1 doc. s. sur parch.

697. Azuni Dom. Alb., jurisconsulte; écrivain très érudit. Longue l. a. s. au Ministre de la guerre. Gênes. 9 xbre 1807; 5 p. in-4.

698. Balbo César, historien, militaire, diplomate. Epreuve d'imprimerie avec modifications autogr.

699. Balestrieri Dom., poëte en dialect milanais. 6 l. se rapportant à instructions annonaires et fiscales sur quelques communes de la Lombardie; et 5 doc. s. En tout *11 pièces.*

700. Balzac (de) Honoré, cél. romancier. L. a. s. *d Bz* au comte Sanseverino; 1 p. et 5 lign. in-16. — *Inegalità des richesses,* pièce en 8 p. in-16 avec 7 lign. s. par Balzac.

701. Bandettini Thérèse, célèbre improvvisatrice. 3 belles lettres, a. s., dont une avec son nom académique d'*Amarilli.*

702. Barbieri abé Jos. orateur sacré. 1 l. et 3 d. s.

703. Baretti Jos., célèbre critique; auteur de la « Frusta letteraria ». 3 l. a. s. dont 2 en anglais.

704. Batacchi Dom., auteur de contes licencieux. L. a. s. *D. Bat.* Livorno. 8 giug. 1798; 1 p. et 1|2 in-4.

705. Beaumarchais (de) P. Caron; savant littérateur. L. s. avec 6 lig. aut. Paris, 7 juin 1780; 1 p. et 1|2 in-4.

706. Berchet Giovanni, poëte lirique italien très populaire. L. a. s. da casa, 15 7bre 1820; 1 p. in-8.

707. Berzelius bar. J. J. excellent chimiste. L. a. s. Stockholm, 21 mai 1817. 1 p. in-4.

708. Bettinelli Xav. historien et poëte. 4 l. a. s. et 1 doc. s. *5 p.*

709. Bianchetti Jos. poligraphe. 10 l. a. s. et 2 l. à son adresse. — *12 p.*

710. Bianchi-Giovini A., histor., critique, publiciste. 1 l. a. s. 1 l. s. et 1 article s. *3 pièces.*

711. Blanqui Jér. Ad., économiste. L. a. s. Paris, 15 9bre 1844; 2 p. in-8.

712. Bondi Clém., poëte. L. a. s. Mantova, 1 gen. 1795; 1|3 de p. in-4. — Chanson a. s., *Il Labirinto, Canzone* à S. Exc. M.me la comt. Marianna Zanardi d." Virgiliana, nata marchesa Guerrieri. 7 p. et 1|2 in-8. — *2 pièces.*

713. Bonnet Charles; naturaliste et philosophe. L. a. s. jeudi mat. 9 d'avr. 1 p. et six lig. in-8.

714. Bonstetten (de) Ch.-V. célèbre littér., philos., et naturaliste. L. a. s. — 8.

715. Borghesi (Barth.), un des plus grands numismates et épigraphistes. L. a. s. 1 p. et six lign. in 4. — Doc. s. *2 pièces.*

716. Borromeo comtesse Clelia Grillo, poëte et mathématicienne. L. s. Genova, 22 apr. 1730; 2 p. in-fol.

717. Boscovich R. J., astronome. 1 l. s. et 2 doc. s. *3 p.*

718. Bossi Egide, célèbre jurisconsulte. 3 pièces signées *Egidius,* « pro D.na Angela de Uglono ».

719. Bossi L., historien, physique, chimique etc. 1 l. a. s. et 9 pièces différentes S.

720. Botta Charles, historien. 4 l. a. s.

721. Brunacci Vinc., mathématicien. Dédicace a. s. et 4 doc. s.

722. Byron lord G. N. Gordon, le célèbre poëte. Enveloppe s. et carte de visite.

723. Buffon co. J. L. Leclerc., le grand naturaliste. L. a. s. Montbard, 21 8bre 1781. 1 p. in-8.

724. Caccianino L., mathématicien. 5 belles lettres, in-4.

725. Calco Tristan, historiographe secrét. de Louis XII. L. à Bartholomeo Chalco; Papie 22 maij 1849. 1|4 de p. in-4. — L. au susdit; Vigli. 27 martii 1490, 1|3 de p. in-4 S. — L. s. Viglevani 27 mart. 1492,

1|3 de p. in-4. — L. a. s. *ir amicus* au préfet de Trieste; Mil 11 dec. 1500. 2 p. et 1|2 in-fol. — *4 pièces*.

726. Cancellieri abé Franç., archéologue et bibliographe. 2 l. a. s. in-4.

727. Cantù César, le célèbre historien, romancier, poète. 6 l. a. s. et une « Consultation » entièrement autogr. concernant une question entre lui et l'éditeur Viviani.

728. Cantù Ignace, historien, romancier. 1 l. a. s. au doct. Ch. Pirovano, 23 genn. 1853, 2 p. in-4. — 2 bill. a. s. et 1 doc. s. *4 pièces*.

729. Capefigue Bapt.-Hon., historien. Bill. a. s., pet. in-16.

730. Carcano Jules, prosateur et poète. 3 bill. a. s. in-16.

731. Cardinali Franc., littér. et mathématicien. 7 l. a. s.

732. Carducci Giosuè, le prince des poètes italiens de notre temps. L. a. s. au chev. Cappelli; Bol. 28 dec. 82 ; 3 p. in-16.

733. Carli G.-Rin., économiste, numismatique. *13 pièces*. a. s.

734. Carutti Dom., historiographe. L. a. s. Torino 11 ott. 1859; 2 p. et 1|2

735. Casti J. B., célèbre poète. L. a. s. au Cit.en Greppi; di letto, (Parigi), li 16 floréal; 2 p. in-16.

736. Castiglioni C. Oct., archéologue. 5 l. s.

737. Cato Lud., jurisconsulte. 2 l. s. au duc de Ferrare, avec la sign. de Philippe Rhodi et de Alph. Rossetti.

738. Centofanti Silv., auteur de plusieurs ouvrages de genre différent. l. a. s. Pisa, 5 febb. 1852.

739. Cesari abé Ant., écrivain soigné et correct. 2 l. a. s. et 1 doc. s.

740. Cesarotti Melch., célèbre poète du XVIII siècle. 3 l. a. s.

741. Cereseto J.-B., philologue et poète. L. a. s. (Genova 1 dic. 55) 2 p. et 1|1 in-16.

742. Chaptal J.-Ant. chimiste célèbre; l. a. s. 1 p. in 16.

743. Chateaubriand (Fr. Aug.), poète, littérateur, orateur; billet a. s. *Ch.* Paris, 16 fèvr. 1826.

744. Cherubini Fr., savant dialectologue italien. L. s. en tierce personne 23.2.10; 1 p. in-4.

745. Chytraeus [Kochhaff] David., théologue protéstant, auteur. — *2 pièces* s. (15 juin et 4 jul. 1527).

746. Cicognara co. Léop., historien des beaux arts. L. a. s. à Alex. Zanetti, Majano, 18 giugno; 1 p. in-4. — bill. a. s. *Leopoldo, 2 p.*

747. Colletta Pietro, célèbre historien. Doc. s.

748. Collina fr. Bonifacio; lettré et poète. L. a. s. Bologna 8 marzo 1724 2|3 de p. in-4.

749. Coppi ab. Ant., continuateur des *Annali d'Italia* du Muratori. 2 l. a. s.

750. Colombo Michele, écrivain de style très pur. 5 belles l. a. s.

751. Compagnoni ch. Jos. littérateur. 1 pièce aut. et 6 doc. s. — *7 pièces*.

752. Condillac abé Et., quatre vers aut., avec dédicace.

753. Constant Benjamin, pubbliciste. bill. a. s. ce vendredi matin.

754. Corio Bernardin. historiographe. 2 post-script. a. s.

755. Cormenin (vic. de) L. M. de la Haie, [Timon], jurisconsulte et publiciste. B. a. s.; *ce samedi*.

756. Corniani J.-B., historien. 5 l. et doc. s. et deux pages aut. de notices historiques. — *6 pièces*.

757. Cotta J.-Et., littérateur et poète; auteur de nombreux ouvrages. L. a. s. à Branda Castiglione, Mli, 9 maij 1492. 1|3 de p. in-4.

758. Consin Victor, un des plus grands philosophes et littérateurs français.

L. s. au co. Daru., Paris, 2 juin 1840, 1|2 p. in-4. — B. a. s. à M. Daunon; 1.er août 1815. — *2 pièces;* portr. etc.

759. Custodi Cav. P., historiographe. 1 l. a. s. 7 ott. 1834, 2|3 de p. in-4; 8 l. et doc. s. *9 p.*

760. Cuvier G. L., célèbre naturaliste. D. s. avec la signat. de Abèl Villemain (feuille dechirée au milieu et raccomodée).

761. Decembrio P. Candide. littérateur. L. a. s. *p, Candidus,* à Blanche Marie duchesse de Milan, 9 lignes in-4. S.

762. De Gerando Cav. Jos. M., philologue, philantrophe; l. a. s. Paris, 1 mai 1832. 1 p. et 1|2 in-8.

763. Delambre ch. J. B. J., considéré comme le plus grand astronome français. L. a. s. Paris, 22 juin 1809; in-4.

764. Denina J. M., historien. L. a. s. Berlin, 16 flor. au XII. 1 p. et 1|2 in-4.

765. Dickens Ch. [Boz], célèbre romancier. B. a. 22 febr. 1845. La signature se trouve sur l'enveloppe adressée à M.rs. Talien.

766. Dupin And. M. J., publiciste, orateur. 2 l. a. s.

767. Dupont de l'Eure J. Ch., célèbre légiste. L. s. in-4.

768. Favre Jules, célèbre avocat, publiciste. L. a. s. ce 10 mai 1864, 2 p. in-16.

769. Ferrari Jos., philosope et orateur. 3 l. a. s.

770. Ferrario abé Jules, historien, auteur du « Costume antico e moderno di tutti i popoli ». 1 L. a. s. da casa, 10 genn. 1845. 1|2 p. in 8. De plus il y a plusieurs dessins, et costumes annotés et signés, et trois portr. dont deux avant-lettre.

771. Filelfo Francesco, littérateur d'universelle estimation. L. a. s.; Mli p. aug. 1471. in-4. — L. a. s. à Galéas M. Sforza; ex Mlo, ultimo junii 10 lig. in-4. S. — L. a. s. à Ciecho calabro (Simonetta), ex Mlo XXX may 1468. in-4. — S. — Compte rendu et postscriptum. S. *5 pièces.*

772. Filicaja (da) Vincent, un des plus grand poètes lyriques italiens. L. a. s. Fir. 26 genn. 1702. 1. p. in-4.

773. Fontana Grég., mathématicien. 1 l. a. s.; 2 doc. s.; dixneuf pages de réflexions et notes autogr.

774. Fornaciari L. littérateur. L. a. s. Lucca, 28 mag. 1839. 1 p. in-4.

775. Foscolo Ugo, célèbre poète et prosateur. L. a. s. Milano, 10 nov. 1807. 1 p. in 4. Quitt. s. — *2 pièces.*

776. Fourcroy co. Ant. Fr. célèbre chimiste. Doc. s.

777. Frisi Paolo, mathématicien. 3 l. a. s., dont une de neuf pages avec les sign. de P. Frisi, P. Moscati e Jos. Racagni.

778. Frugoni ab. C. Inn., poète du XVIII siècle en tout genre. 3 l. a. s. — Poësie aut. en 79 quatrains, à un'ami. *4 pièces.*

779. Gagliuffi M. Faust., un des plus grands improvisateurs latins. L. a. s. au doct. Malvasia. Novi, 17 genn. 1834.

780. Galluppi Pasq., cél. philosophe. 2 l. a. s. *il tuo aff.mo P.* (padre) écrites sur une même page à ses deux filles Lucrezia et Vittoria. Napoli, 10 ag. 1836, in-fòl.

781. Gamba Bartol., bibliographe. 1 l. a. s. et 4 doc. s. *4 p.*

782. Gargallo (da) marq. Thomas, poète. L. a. s. Napoli, 13 del 1829, 1|3 de p. in-4.

783. Goeffroy St. Hilaire Et., naturaliste. L. a. s. ce 30 germinal. 1 p. in-16.

784. Gherardini J., lexicographe et philologue. L. a. s. Milano, 15 juin 1819. 1|2 p. in-4.

785. Ginguené P. auteur de l' « histoire littéraire d'Italie » 3 l. a. s. in-16.

786. Garniér-Pagès L. A., publ. et historiographe. 2 l. a. s. in-16.

787. Gioja Melchiorre, philosophe, économiste, créateur de la statistique en Italie. 2 l. a. s. — douze feuilles de notations et observations.

788. Giordani Pierre, écrivain et épigraphiste très soigné. 6 l. a. s. et 2 doc. s. *8 p.*

789. Girard Grég., appelé le *père Girard*, célèbre pédagogue suisse. L. a. s. Fribourg, 27 mai 1840. 1 p. in-8.

790. Giulini G., historiographe et érudit. 2 quitt. S.

791. Giusti Gius., poète populaire, modèle inimitable de satire politique. L. a. s. Pescia 11 7bre 1847, 2|3 de p. in-4.

792. Goethe J. Wolfang, poète, dramaturge et philosophe. 3 l. a. s. et deux adresses a. – On y joint — 2 sign. déc. de Charlotte Hestner protagoniste du célèbre roman: *Charlotte* et *Werter*. — *5 p.*

793. Goselini Julien, lettré et historien, secrét. de plusieurs ducs de Milan. L. s., en nom du Marquis de Pescara. Milano, 30 gen. 1562. — S. — L. s. en nom du duc de Sessa. Mlo, 5 di marzo 1564. S. *2 p.*

794. Gräberg de Hemsö Jacq., savant suédois. L. a. s. (en italien), Firenze, 1 febr. 1842. 2 p. in-8.

795. Grismondi Pauline Secco-Suardo, célèbre poète. L. a. s. 2 p. in-8.

796. Grossi Tomm., romancier et poète. L. a. s. Tremezzo 17 ott. 1841. 4 p. in-4 — 2 poésies a.: « la Boletta » et l' « Elogio della bugia » en patois milanais.

797. Guadagnoli Antonio, poète satirique. 2 l. a. s.

798. Guarnacci M., savant archéologue. L. a. s. Volterra, 22 genn. 1769, in-fol.

799. Guerrazzi Fr. Dom., romancier, poète, historien et publiciste. 6 l. et 1 bill. a. s.

800. Guicciardini Franç., le grand historien de l'Italie. 2 l. s.

801. Guizot Franç., historien, littér., publiciste. 1 l. a. s.; 1 l. s. *2 p.*

802. Haugwitz co. Chr. H. Ch., premier ministre du roi de Prusse Fréd. Guillaume II. L. en chiffres, avec les sign. de Haugwitz, Finkenstein und Alvensleben, à M. le bar de Chambrier; Berlin 9 mai 1796, 1|2 p. in-4.

803. Heine Chr. G., célèbre helléniste. L. a. s. Göttingen, 20 juin 89. 1 p. in-16.

804. Herder (de) J.-G., littérateur, philosophe. B. a. s.

805. Hoffmann Aug. H., poète populaire allemand, et philologue. Quatrain a. s. Leipzig 2 sept. 1847.

806. Hugo Victor, le grand poète, romancier français. 3 l. a. s. et 1 contrat s. *4 pièces.*

807. Humboldt (de) bar. F. H. A., célèbre naturaliste. 2 l. et 4 bill. a. s. *6 pièces.*

808. Hus Johan, le grand réformateur, précurseur de Luther. Deux pages autographes détachées d'un livre de la bibliothèque d'un cloître et depuis comparées avec son écriture originale existant à la biblioth. de Prague.

809. Jomard Ed. Fr., géographe, archéologue, orientaliste. L. a. s. 21 mai 1814. 1 p. et 2|2 in-8.

810. Labus J. Ant., archéologue, auteur. 7 l. a. s. intéressantes; 1 l. s. et 1 bill. a. *9 pièces.*

811. Lecépède B. J. E., cél. naturaliste. 1 l. a. s. et 2 l. s. *3 p.*

812. Lacordaire (le père), cél. orateur sacré. 1 l. a. s. et 1 b. a. en tierce personne.

813. La Fontaine (de) Jean, poète français cél. pour ses *Fables* et ses *Contes*. Fable autogr. « *le Renard et le Bouc* ».

814. La Laudie Jos. G., astronome. Bill. a. s. 12 messidor. — Quittance s. *2 pièces*.

815. Lamartine Alph., historien, poète, orateur. B. a. s.

816. Lamennais (de) abé Fr., célèbre philosophe, théologue et politique. B. a. s. 1 p. et 1|2 in-12.

817. Lami J., archéologue très extimé. L. a. s. à l'ambassadeur de Suède auprès de Marie Thérèse. Flor. idib. decembr. 1743. 2 p. et 1|2 in-4.

818. Lancetti Vinc., historien, poète, etc. 5 l. a. s. 1 recette a. s. et 2 doc. s. plus autres pièces a.

819. Lanzi L., archéologue et historien. L. a. s. Fir. 29 marzo.

820. Lavater J. G. C., cél. phisiognomiste. L. a. s. 30 apr. 1775. 1 p. in-4.

821. Lavoisier A. L., chimiste, cél. par ses importantes découvertes, Doc. s. aussi par Borda, Mongez, Berthollet et autres. Paris, 12 juin 1793.

822. Leopardi co. Jacques, historien et poète de grande renommée. L. a. s. à Antonietta Tommasini; Recanati 22 luglio. 1 p. in-8.

823. Liebig Justus, célèbre chimiste. 3 l. a. s.

824. Litta-Biumi co. Pompée, historiographe, auteur de l'ouvrage: *Famiglie celebri d'Italia*. 5 l. a. s.

825. Londonio Ch. J., historien, philosophe, esthétique. 3 l. a. s. et passeport s. Milan 13 therm. 9°.

826. Longhena Fr., littérateur, poète. 5 l. a. s. et 3 brouillons de l. a. *8 p.*

827. Maffei Andrea, poète, traducteur très soigné. 2 l. a. s. et 1 brouillon s. *3 p.*

828. Maffei marq. Scipion, archéologue l. a. s. Verona. 5 marzo 1753, 1 p. in-4. — B. a. s. (déchiré en deux endroits).

829. Maggi C.-M., célèbre par ses comédies et poésies en dialecte milanais. Doc. s.

830. Magliabecchi Ant., le célèbre bibliothécaire de Côme III. L. a. s. Firenze. li 17 maggio 1681. 1 p. in-4.

831. Mayno (del) Giasone, cél. légiste. L. a. s. à Bartol. Calcho; ex papie 22 januarii 1198. 7 lign. in-4. S.

832. Malaspina Marianne, femme charmante, douée de grands talents. L. s. Parma 16 maggio 1770. 1 p. in 4.

833. Malte-Brun Victor, géographe. L. a. s. in-16.

834. Mantegazza Laura Solera, institutrice des Instituts de maternité à Milan. L. a. s. intéress. Milano 20 marzo 1863. 2 p. in-16.

835. Manzoni co. Alessandro, l'immortel poète et romancier. 2 l. a. s. plus 1 envois a. s. — *5 pièces*.

836. Marini Q. L. le père de la science archéologique en Italie. L. a. s. Roma, 13 dic. 1780. 2 p. in-4.

837. Marini (de) Thom., surintendant des finances du duché de Milan: erigea le palais, devenu l'Hôtel de ville. 3 pièces. S. — 4 p. s. en union avec son frère Hercule. 1 p. s. par G. B. Maino — En tout 8 p. avec autres p. manuscrites de l'époque.

838. Martelli P.-Jac., poète et diplomate: introduisit les vers appelés de son nom *martelliani*. 1 l. a. s. Bologna 12 ott. 1688. — Doc. s. 2 dec. 1720. *2 p.*

839. Mascheroni Lor., cél. mathémat. et poète. 2 l. a. s. et 1 d. s.

840. Melanchton Phil., élève et ami de Luther. Feuille in-12 contenant 29
lignes a. d'une écriture extrèmement mince occupant 3[5 de la p.:
les quatres dernières lign. sont en allemand, les précéd. en latin.

841. Meli Jean, poète, le Théocrite sicilien. Sonnet a. s. en dialect sicilien
(Un trou enlève quelques mots des 7.emè et 8.eme vers).

842. Merula Georges, grammatique et critique. L. a. s. au secrétaire ducal:
ex Mediolano, nonis januariis, 1494 (un peu chiffonnée).

843. Micali Jos., historien et érudit. 2 l. a. s.

844. Michelet Jules, historien. L. a. s. 2 p. in-12.

845. Mirabeau (de) marq. Victor, économiste, père du cél. orateur Honoré
Mirabeau. L. a. s. du bignon, 22 nov. 1775. 1 p. in 8.

846. Mommsen Théodore, historien, professeur de droit romain. L. a. s. en
italien, à E. Maggiora-Vergani, Berlino, 1 ag. 1874. 2 p. in-16.

847. Monti Vincenzo, célèbre poète épique et tragique. 2 l. a. s.: 1 doc. s.
3 pièces. — Chanson pour le jour onomastique de sa femme Thérèse
Pickler; 3 colonnes in 8.

848. Morbio Charles, historien et numismatique. L. a. s. Milan, 9 déc. 1844.
1[2 p. in-8.

849. Morcelli don Ant., épigraphiste, archéologue. L. a. s. à Giov. Labus.
Chiari, 8 nov. 1811, 1[1 de p. in-4.

850. Morelli Jacq., savant bibliographe. l. a. s. Venezia, 19 ott. 1793, 2 p. in-8.

851. Muratori abé Lud. Ant., historien: fondateur de la science diplomatique en Italie. 5 l. a. s.

852. Muzzi L., épigraphiste. L. a. s. Bologna, 11 nov. 1829. 1 p. in-4 avec
une inscription.

853. Odorici Frédér., historien. 3 l. a. s.

854. Oriani B., astronome: inventeur de la *Trigonométrie sphérique*. 5 l.
a. s.: 4 doc. s. — Copie du testament., Milano, 30 maggio 1832. —
8 pièces.

855. Paciaudi P. M., savant antiquaire. — *2 pièces s.*

856. Pagnini Jos. M., poète. Une poésie et un épytalame de Catulle traduit. — *2 pièces a. s.*

857. Papi Lazare. poète et historien. 2 l. a. s. et 1 doc. s.

858. Parini Jos., célèbre poète lyrique et satirique. 2 l. a. s. et 5 pièces
sur divers sujets: *observations relative à la chaire qu'il occupait:
notes au surintendant des écoles publiques de Brera:* et autres
notes relatives à sa personne.

859. Pellico Silvio, poète lyrique et tragique; il a écrit le célèbre récit de
sa captivité qui a pour titre: *Mes prisons*. — 2 l. a. s. in-16.

860. Perticari Jules, écrivain très pur et élégant. L. a. s. au comte Franç.
Cassi. Rome, 1 juin 1819. 2 p. et 3[1 in-4. Pièces très importante.
regardant aussi le *maestro* Rossini, dont il rappelle un trait de sa
vie. — B. a. s. 2 *pièces*.

861. Pezzana Ange. historiographe. 11 l. a. s. et 3 autres p. a. — *11 pièces*.

862. Pindemonte Hippol., poète et prosateur. 2 l. a. s.

863. Pontano G. G., homme d'état et humaniste. L. a. s. à l'évêque de
Plaisance, A. Sagramoro. Neap. 23 nov., hor. XX, 1175. 2[3 de p.
in-4 8. — L. a. s. à Galéas M.e Sforza. Ferrarie. 22 apr. 1483. 8.
2 p.

864. Porta Carlo. incomparable poète en dialect. milanais. Sonnet al sig.
Gorelli senese che osò disprezzare il dialetto milanese.

865. Potter (des) L.-J.-A., publiciste et historien. 3 l. a. s. en italien.

866. Rajberti Jean., médecin et poète humoristique. *Brindisi* a. s. composé de 19 sextines en dialect milanais.

867. Récamier (de) Jeanne-Franç., célèbre par sa beauté, son rare esprit, ses relations et l'influence qu'elle exerça. L. a. s. *J. R.;* 24 juin. 3 p. et 1|2 in-12.

868. Redi Franç., cél. naturaliste; composa le *Bacco in Toscana*, modèle parfait du dithyrambe italien. L. a. s. Firenze, 1 ag. 1676.

869. Renouard A. A., bibliographe. 2 l. a. s.

870. Requeno y Vives Vinc., jésuite, antiquaire. L. a. s. Bologna. 22 luglio 1786.

871. Rhenanus Béatus, philologue. Page de livre avec sa signature datée: AN-M-D-XIII Basileae.

872. Rosellini-Fantastici Massimina, poète. 3 l. a. s. une avec S.

873. Roselly de Lorgues, comte; auteur de nombreux ouvrages orthodoxes. L. a. s. Rome, 23 mars 1837, 3 p. in-16.

874. Rosini Giov., poète, histor. et romancier. 1 l. et 1 b. a. s.

875. Rosmini Ch,. historien et nummographe, cousin de l'abé Antoine. 2 l. a. s.

876. Rosmini-Serbati abé Antoine, philosophe de grande renommée, fondateur d'un nouveau système. 3 l. a. s.

877. Rossi (de) J.-Bern., savant orientaliste, bibliogr. et antiquaire 3 l. a. s.

878. Rousseau J. J., le grand philosophe génevois. Bill. a. s. *Renon*, à M. l'abbé Baurin; ce vendredi soir; 10 lignes in-12.

879. Sacy (de) bar. Silv., orientaliste. L. a. s. Paris, 22 nov. 1813. 1 p. et 1|2 in-8.

880. Safarik Jos. P., le plus célèbre slaviste de son temps. 2 l. a. s. et 13 programmes et commissions de livres a. s. *15 p.*

881. Samoyloff co. Julie Pahlen, dame célèbre par sa générosité, son exprit et sa munificence. B. a. s.

882. San Quintino (de) Jules Cordero, archéologue et nummographe. L. a. s. Torino. 4 lug. 1823.

883. Saussure (de) N.-B., géologue et météorologue. L. a. s. Genève, 12 juin 1785, in-16.

884. Say J.-B., cél. économiste. L. a. s. Paris, 9 sept. 1827. 2 p. in-12.

885. Schelling F. W. J., illustre philosophe, chef d'une école nombreuse. 2 l. et 1 billet a. s.

886. Schiapparelli Jean., astronome. 2 l. a. s.

887. Schlegel Aug, G., traducteur admirable des poëmes de: *Dante, Shakespeare* et *Calderon.* L. a. s. Paris. 23 sept. 1817, 1|2 p. in-16.

888. Serassi P. A., L. a. s. Rome, 15 7bre 1781, 1 p. in-4; il parle de ses recherches sur ce qui concerne le Tasse.

889. Sismondi (de) Sismonde, célèbre historien. L. a. s. au comte Fréd. Sclopis, 15 févr. 1836, 1 p. in-12.

890. Spallanzani Laz., cél. naturaliste. 2 l. a. s. en tierce personne, et 4 doc. s. *6 p.*

891. Süe Eugène, célèbr. romancier. 2 b. a. s.

892. Tasso Bernard, poète, père de Torquato. Madrigal a. avec cette dédicace: *Alla Ill. Segnora Violante Visconti Il Passonico suo servitor.*

893. Tasso Torquato, le plus grand poète épique de l'ère moderne. Octave intitulée: *Innanzi la confessione*, signée: *Torq. Tasso.* A. très-rare; malheureusement la partie corrosive de l'encre à produit de nombreux petits trous. *Voy. le fac-similé.*

894. Tastu Sabine-Aimable, poète française. B. a. s. 6 janv. 1860. in-12.

895. Testi Fulvio, un des meilleurs poètes italiens. 2 l. s.

896. Tigri Jos., romancier, poète, etc. *La Pia; Ballata* a. s.

897. Tilenus Daniel, ministre calviniste qui passa toute sa vie à disputer, à blâmer, et être blâmé. 3 quittances s.

898. Tiraboschi Girol., auteur de la *Storia della Letteratura italiana*. 2 l. a. s.

899. Tommasèo Nic., philologue, philosophe, poète, historien, etc. 4 bill. a. s.

900. Torti Jean, poète. 3 morceaux en vers: italiens, latins, milanais.

901. Trollope Th. Ad., cél. romancier et historien anglais. B. a. s. 26 juin 1888; 1 p. in-12.

902. Troya Ch., savant historien. L. a. s. Napoli, 18 oct. 1855, 3 p. in-4. (il donne des détails sur la publication du *Codice diplomatico*). — Bill. a. s. 2 *pièces*.

903. Ventura p. Gioacch., théologue, juriste, politique et philosophe. L. a. s. Parigi, 28 gen. 1856.

904. Vermiglioli J. B., archéologue. L. a. s. Perugia, 17 7bre 1829. 3 p. in-4.

905. Verri co. Gabr., juriste, père d'Alexandre, Charles et Pierre suivants. 2 l. s. et 4 d. s. 6 *p.*

906. Verri co. Alexandre, historien et journaliste. 6 l. a. s. à sa mère Thérèse.

907. Verri co. Ch., agronome. 1 l. a. s. et 4 pièces s. 5 *p.*

908. Verri co. Pierre, historien et économiste illustre. 1 l. a. s. et 3 doc. s. 4 *p.*

909. Veuillot L., littérateur et journaliste. L. a. s. (Paris, 18 juil. 54). 3 p. in-12.

910. Visconti Ennius-Quir., savant archéographe. L. a. s. Paris, 21 févr. 1811, 1 p. et 1|2 in-4.

911. Visconti Phil.-Aurèle, frère d'Ennius, antiquaire, auteur. L. a. s. à Ch. J. Londonio. Roma, 15 genn. 1810, 1 p. et 1|2 in-4.

912. Visconti-Ermes, littérateur et philosophe. 4 l. a. s.

913. Vittorelli Jacques, poète lyrique. Trois sonnets a.

914. Volta Alexandre, le grand physicien. 1 l. a. s. 2 doc. s. 3 *p.*

915. Voltaire (de) Franç. M., savant encyclopédique. L. a. s. V. à Fernay. 15 janv. 1765, 1 p. et 4 lign. in-4. — L. a. s. V. sans lieu ni date. 1 p. in-4. — 2 *p.*

916. Williger-Viglius de Zuichem ab Ayala, cél. jurisconsulte des Pays-Bas. L. s. Ingolstadt, 6 junij 1511, 2 p. in-fol.

917. Zampieri Camille, poète. L. a. s. Imola. 4 sett. 1778.

918. Zanetti Guidant. cél. nummographe. 2 l. a. s.

919. Zannoni J. B., archéologue, auteur de nombreux ouvrages. L. a. s. à Luigi Muzzi. Fir. 19 marzo 1832, 1|2 p. in-4.

920. Zeno Apostolo: historiographe de l'emp. Charles VI. L. a. s. Ven.ᵃ 14 febr. 1709.

921. Zola don Jos., théologue, érudit. 2 l. a. s. et 4 d. s. 6 *pièces*.

Médecins, Chirurgiens, etc.

922. Alibert bar. J. L., auteur d'ouvrages sur les maladies de la peau.
L. a. s.

923. Bertolini Ant., auteur de la *Flora Italica*. L. a. s. 2 p. in-4.

924. Borsieri J. D., savant professeur. 2 l. a. s.

925. Bufalini Maurice, de Modène. L. a. s. casa 10 marzo 1850. 1 p. in-13.

926. Cabanis P. J. G., médecin et philosope. L. s. Genève, 7 fevr. 1791.
1|2 p. in-4.

927. Cotugno Domen., auteur. Note. a. s.

928. Ferrario Jos., fondateur du « Pio Istituto medico chirurgico della
Lombardia » L. a. s. et 2 doc. s. *3 pièces.*

929. Frank J. P. auteur d'ouvrages classiques. 4 l. a. s. et 3 d. s. *7 p.*

930. Frank Jos. fils du précéd., auteur. 1 l. a. s. et 2 d. s. *3 p.*

931. Gianini Thom., fondateur des « Confusi » B. a. s. di casa 22 ag. 1595.
(taché d'eau).

932. Haller bar. Alb., célèbre phisiologue, anatomiste, géologue, etc. L. a. s.
à Jean Gesner. Berna, 31 ag. 1756. 2|3 de p. in-4.

933. Hufeland Ch. W., auteur de la *Macrobiotique*. B. a. s.

934. Mac Culloch John., publia d'importants ouvrages en géologie. L.
a. s. 1 march 1827. 2 p. in-12.

935. Malacarne Vinc., anatomiste illustre. 1 l. a. s. et 4 d. s. *5 p.*

936. Mangili Jos., médecin et naturaliste. *3 pièces* a. s.

937. Mascagni Paul, anatomiste de réputation européenne. 2 belles l. a. s.

938. Moreschi Alex., anatomiste. 3 doc. s.

939. Morgagni J. P. créateur de l'anatomie pathologique. 4 consultations
médicales a. s. — 1 bill. en tierce personne. Padova, 30 maggio
1760. *5 p.*

940. Moscati Pierre, médicin et chirurgien de haute renommée. 2 l. a. s.
— 1 certificat a. s. et 2 doc. s. *5 pièces.*

941. Pozzi Jean, vétérinaire, auteur. 2 l. a. s.

942. Rasori Jean, illustre clinique élève de Morgagni et de Mascagni. 3
l. a. s. — 2 relations a. s. — 1 doc. s. et 5 reserits a. s. *11 p.*

943. Redi François, médecin, naturaliste, poète. L. a. s. Fir. 8 ott. 1693,
in-8.

944. Rezia Jacq., anatomiste, opérateur de très grande réputation. 2 l. a. s.
et 9 relations, certificats et doc. s. *11 pièces.*

945. Sacco L., introduisit en Italie l'invention de Jenner. 4 relations a. s.
sur les progrès de la vaccination à Bologne, Forli, Belluno, etc.

946. Sambucus Jean., célèbre médecin hongrois, historien et antiquaire,
pièce s. 29 déc. 1578. 1 p. et 1|2 in-fol. S.

947. Scarpa Ant. illustre anatomiste, élève de Morgagni. 3 l. a. s. 7 doc.
et notes de dépenses approuvées. *10 pièces.*

948. Segato Jér., inventeur du moyen de pétrifier les corps humains.
L. a. s.

949. Settàla Lud., archiatre de la ville de Milan à l'époque de la peste
en 1630. Consultation a. s. (en latin) sur la cure d'une tumeur uté-

rine. 2 p. et 1|2 in-fol. — Certificat a. s. 29 agosto 1631. 2 *p.* — Doc. regardant Manfrède Settala.

950. Spedalieri Arcange, anatomiste et physiologue. 5 doc. s.

951. Tadini Alex., cél. médecin milanais du XVII siècle. Certificat s. Milano il dì gienaro 1621.

952. Testa Jos. Ant., publia de nombreux ouvrages considérables. 1 l. a. s. et 4 doc. s. *5 pièces.*

953. Tissot A. A., auteur d'ouvrages très remarquables. 2 l. a. s. au docteur Rezia.

954. Tommasini Jacq., clinique, auteur d'ouvrages très estimés. 3 l. et 1 recette. a. s. *4 p.*

955. Vallisneri Ant., cél. naturaliste, auteur de plusieurs ouvrages. L. a. s. à G. B. Morgagni, *di casa or ora* (1726).

956. Zimmerman J. B., cél. méd. suisse, auteur de *La solitude.* l. a. s. 1 p. et 1|2 in-8. Hannover, 7 sept. 1794.

Auteurs de tragédies, drames, comédies
et autres productions théatrales

957. Albergati-Capacelli c. Franç., auteur de drames et romans. L. a. s. (au co. Franç. Algarotti); 1 p. in-8.

958. Ancelot J. A. F. P., auteur de nombreux drames. L. a. s. 15 9bre 1832. 1 p. in-12.

959. Delavigne G., auteur de drames et de mélodrames. Billet de service, s.; et 5 vers à mad.lle de Roissy, dont le portrait au crayon est collé à l'avers de la pièce.

960. Dumas Alex., romancier et dramaturge. 5 billets a. s.

961. Goldoni Charles, le grand réformateur du théatre italien. L. a. s. Venezia 21 giugno 1758. 1|2 p. in-8.

962. Gozzi co. Ch., poète et auteur dramatique. 2 l. a. s.

963. Iffland Aug., poète dramatique. B. a. s.

964. Kotzebue (von) Aug., cél. auteur de comédies et de drames. « Der Prätendent ». 2 pages in-4. a. s.

965. Metastasio, Pierre Trapassi, dit. Poète césaré, le plus cél. auteur italien de mélodrames. L. a. s. Vienna, 7 8bre 765. 1 p. in-4.

966. Niccolini J. B., tragique et prosateur célèbre. 2 l. a. s. et copie de trois sonnets. *3 p.*

967. Nota Alb., auteur dramatique. L. a. s. San Remo, 11 apr. 1827. 2|3 de p. in-8.

968. Romani Félix. le meilleur poète mélodramatique italien du XIX siècle 1 l. a. s. e 2 envoi a. *3 p.*

969. Sacchero Jacq., poète dramatique. L. a. s. Parigi 4 giug. 1850. 3 p. in-16.

970. Schiller Frédéric, un des plus grands poètes allemands, tragique inarrivable. L. a. s. Jena 2 8br.1897. — « Wilhelm Tell » deux octaves. a. s. *2 p.*

971. Schlegel Fréd., auteur de drames, philologue, critique « *Vorrede* » (Préfation) a. s. Wien. 1 déc. 1811. 3 p. in-4.

972. Scribe Eug., auteur dramatique facile et spirituel, délicat et modéré. 2 bill. a. s.

973. Taddei Mozzidolfi Rosa, poète extemporaine. L. a. s. 2 p. et 1/4 in-8.

974. Villani marq. Phil., auteur de comédies et musiciste. 5 sonnets a. s. — « La povera cieca » romance pour *contralto*. 4 pages de musique s. épreuves d'imprimerie corrig. et envoi a. *En tout 8 pièces.*

975. **Philosophes; théologues ; orateurs sacrés; controversistes:** Albrecht Johann, Bolzano B., Branca J., Draghetti A., Engel J. J., Fusconi L., Hülsemann J., Lechner G., Maret F., Moroni Gaët., Mozzi L., Newman J. E., Nicolas J. J., Sagredo co. Ag., Pungileoni p. L., Schütze Et., Palmieri V., Perrone p. G., Pestalozza Al., Prevost P., Pujati J., Tamburini P., Testa A. En tout *34 p.*

976. **Jurisprudents; docteurs ès lois; économistes; etc.** — Adda (d') V., Arisi Fr., Bodio L., Carmignani G. A., Chevalier Mich., Corio G. G., Cremani L., Desmold, Duboin A., Duprat P., Francesconi D., Franzoja M., Grün A.; Laderchi G. B.; Lampredi G. M.; Lengerke A. En tout *26 p.*

977. = Marocco Ch., Marocco J., Meister G., Mengotti Fr., Mühlenbruch Chr., Nani T., Negri Cr., Neri Pompeo, Panciroli Guido, Piantanida L., Prato Barth., Senior-Nassau W., Simoni (de') A., Turgot A. R., Valeriani L., Zambelli Andr., Zasz J. U. En tout *22 p.*

978. **Médecins:** Aglietti Fr., Assalini P., Azzoguidi G., Bonati Th., Bondioli P., Borda S., Brera L. V., Brugnatelli L., Caldani Fl., Caldani L. M. A., Calderini C. A., Calori L., Carminati B., Carro (de) G., Fanzago F., Festari G., Freschi F., Gallini S., Geromini F. G., Griffini R. En tout *55 p.*

979. = Hildebrand Fr., Horst J., Jacopi G., Lanzoni G., Medici M., Monteggia G. B., Nessi G., Palletta G. B., Panizza B., Poletti L., Racchetti V., Raggi G., Raymond D., Renier St. A., Rossi G., Rostan, Rubini P., Sangiorgio P. avec une lettre au capitaine des sapeurs, auquel il demande la punition de son propre fils qui avait outragé un vieillard; Sografi P., Sprengel C., Tronchini Th., Vacca-Berlinghieri A. En tout *53 p.*

980. **Archéologues; antiquaires; numismates:** Allegranza G., Amaduzzi G., Avellino F. M., Bellini Vzo, Bianchi L., Brunacci G., Ciampi Seb., Delfico M., Federici Pl., Gazzoletti A., Gironi Rob. En tout *20 p.*

981. = Hohenhausen bar. S. J., Mezzabarba G. A. Mitlin de Grand Maison A. L., Minervini J., Mongeri J. Orti J. J., Savioli-Fontana L. O., Strein R., Thiersch F. G., Vernazza J., Zardetti Ch. En tout *16 p.*

982. **Philologues; linguistes; bibliographes:** Assemani S., Boeckh A., Elci (d') cav. A. (on y apprend qu'il doit remettre sa splendide collection à la Biblioth. Laurenziana à laquelle il l'avait donnée); Grimm G. C., Guarini Al. sen., Guys P.-A., Hager G., Hammer-Purgstall (de) bar. J., Hanke V., Hermann G., Lamberti L., Liberatore R., Manno bar. G., Marzolo P., Pozzetti P., Romani Giov., Tiraboseo L., Vannetti C., Vater G. S., Wolff. F. M. En tout *30 pièces.*

983. **Mathématiciens:** Babbage Ch., Barbieri G., Bernouilli J., Bordoni P., Caldani P. M., Cassina U., Collalto A., Cossali ab. P., Delanges P., Fontana M., Jacoby Ch., Lampredi U., Monge G., Poleni G., Piola G., Torelli G. B. En tout *28 pièces.*

984. **Physiciens; chimistes:** Aldini J., Araldi M., Belli J., Configliacchi P., Dal Negro S., Dumas J.-B., Majocchi Al., Maironi J., Nigrisoli G.,

Poli J. X., Racagni J., Saluzzo co. J. A., Stratico S. En tout *35 pièces.*

985. **Astronomes:** Beck H., Cagnoli A., Chiminello ab. V., De Cesaris G. A., Gauss Ch. F., Inghirami J., Lagrange L., Plana G., Quetelet A., Reggio F. M., Secchi Ang., En tout *22 pièces.*

986. **Géographes** et **Voyageurs:** Acerbi J., Balbi Adr., Beltrami C., Cailliaud F., Castine (de), Ritter Ch. 7 *pièces.*

987. **Hydrauliques:** Avanzini Jos., Lecchi J. A., Tadini Ant., Trotto Alph. deux l. adressées au duc de Ferrare, dont une par moitié en chiffres. En tout *10 pièces.*

988. **Naturalistes; géologues:** Amoretti Ch., Barrande G., Breislak Sc., Costa O. G., Hausman B., Monticelli Th., Pini Erm., Reichenbach H., Scopoli G. A., Schouw J. Fr. En tout *26 pièces.*

989. **Botanistes:** Balbis J. B., Bonato J.-A., Parlatore Ph., Targioni-Tozzetti J.-L., Tenore Mich., Vitman Fuig. En tout *11 pièces.*

990. **Agronomes,** etc.: Arduino L., Cantoni G., Castiglioni L., Del Bene Ben., Girri Fr., Margaroli J.-B., Moretti J., Re Phil., Ridolfi C., San-vitali G., Targioni-Tozzetti A. En tout *26 pièces.*

991. **Poètes:** Angeletti M., Aresi C., Bandini G., Bellini B., Bellò L., Betteloni V., Biava S., Bindocci A., Buccelleni A., Bufalo (del) O., Buttura A., Carrer L., Cassi F., Ceroni G., Cerretti L., Coureil (de') G. S., Fiorentino S., Frizzi A., Ferzoni-Accolti A., Ghirardelli F., Gritti F. En tout *32 p.*

992. — Herloszsohn C., Hirsch R., Marenco V., Mazza A., Mezzanotte A., Minzoni H., Morelli Fr., Niccolini G., Pompei G., Pongerville (de) J.-B., Pozzone G., Re Zef., Stampa E., Stassard (de) bar. G., Stay B., Tieck L., Tirabosco A., Viviani Q., Wieland Chr. En tout *32 p.*

993. **Auteurs de tragédies, comédies, drames,** etc.: Amigues G., Avelloni Fr., Battaglia G., Bazzoni J.-B., Bellotti F., Butturini M., Doucet C. C., Enault L., Fambri P., Farina Salv., Fouché P., Galoppe Cl., Gambara Fr., Ghislanzoni A., Gutzkow Ch., Masson A. M. B., Merle J. T., Montolieu (Isabelle), Roger de Beauvoir E., Solèra T., Tedaldi-Fores, Vigney (de) co. A. V. En tout *36 p.*

994. Lot de 30 a. d'hommes de lettres, historiens, savants etc. Andres, P. Balbo, Vestrio, Barbiani, Ch. de Beaune, S. Betti, P. M. Campi, G. G. Carli, etc.

995. Lot de 35 pièces idem, idem. Alf. Castiglioni, T. Dandolo, P. Darù, De Castro, Ch. De Cesare, Eg. De Magri, V. De Vit, Dutillot, E. Everett, etc.

996. Lot de 28 pièces idem, idem. G. B. Giovio, Aimé Guillon, J. Leconte, A. Levati, L. Mabil, D. M. Manin, H. Martini, etc.

997. Lot de 25 pièces idem, idem. Fr. Miguel, O Morali, J. de Muller, co. C. E. Muzzarelli, J. J. Orsi, G. Pecchio, etc.

998. Lot de 25 pièces id. id. G. B. Pigna, Defend. Sacchi, co. C. de Saluzzo, G. A. Sassi, prince Fréd. de Schwarzenberg, co. P. de Ségur, R. A. Sicard, Fr. Soave, etc.

999. Lot de 30 pièces id. id. J. Sperges, G. Tamassia. Clot. Tambroni, comtesse Laura Thiene Bojardi, E. Tipaldo, A. Vannucci, Fr. Venini. P. Villari, etc.

1000. Lot de 11 autographes de personnages des XV et XVI siècle.

1001. Lot de 20 id. id.; XVII siècle.

1002. Lot de 35 id. id.; XVIII siècle.

1003. Lot de 31 id. id.; XIX siècle.

1004. Lot de 32 aut. de militaires et de marins; XVIII-XIX siècle.

LIVRES MANUSCRITS

1005. Abelly Louis. Dénombrement des hérésies qui se sont élevées dans l'Eglise, etc. Paris, 1661. in-8; relié en peau verte.

1006. Amministrazione di Lombardia sotto l'arciduca Ferdinando d'Austria (1791-1796). Mss. in-fol. comprenant bon nombre de lettres s. et l. a. s. de l'archiduc, dépêches, pièces originales, avec 8. portr., etc. Relié en d. p.

1007. Annotazioni artistiche. Ms. du XVIII siècle, gros vol. in-16. Il offre de nombreux rensèignements sur la vie et les ouvrages de célèbres artistes.

1008. Antiqua decreta ducum Mediolani tum Vicecomitum tum Sfortiarum. Gros vol. in-fol. de 272 cartes numérotées, précédées de VIII cartes pour l'index. Mss. précieux et du plus grand intérêt, de la moitiè du XV siècle.

1009. Antolini Fr. Sul Tito Livio vendicato. — Il mio testamento. Mss. originaux a. in-4 d. p.

1010. Araldi C. Bartol. Brevissima descrizione di Viadana e suo marchesato, copiata e scritta dal cugino P. F. Araldi. Mss. de 81 pages, in-4. d. parch.

1011. Archivio diplomatico italiano dei secoli XVIII e XIX. Ce gros vol. in-fol. contient lettres, dépêches et autres pièces s. ou entièrement a. de ministres et autres hommes d'état de l'Italie depuis la Lombardie jusqu'au royaume de Naples, avec vignett. arm. plans. etc.; d.p.

1012. Assandri Giamb., memorie istoriche di Cremona fino all'anno 1039. Mss. in-fol. de 126 cartes. · Y joint: *Cronaca cremonese dall'anno 1096 al 1232;* 6 p. et 1|2 in-fol. traduction de Vincenzo Lancetti d'apres le texte de L. Ant. Muratori; d. p.

1013. Astrologia giudiziaria. Ms. du XVI siècle avec diagrammes; 114 cartes in-16, la dern. c. porte cette souscription: *Marc' Ant. Galerati Cremonese;* d. parch.

1014. Atti dell'Accademia letteraria milanese. Ms. in-fol. comprenant des acts s. ou a. s. tels que, le règlement, la liste des académiciens, etc.

1015. Atti relativi alla Guardia Nazionale piemontese, 1821. Trente rois pièces, mss. avec sign. du colonel G. Ansaldi, du marq. Ricci, co. di San Germano, marq. Saluzzo, etc. Carton.

1016. Atti originali del conte Domenico Pino, 1796-1811, e del conte Giuseppe Prina, 1802-1814. Vol. mss. in-fol. contenant lettres, decrets et autres pièces originales du général D. Pino et de Joseph Prina l'infortuné ministre des finances. Rel. en d. p.

1017. Atti relativi all' ufficio di compilazione del Codice Militare, istituito e presieduto dal seg. cent. Lancetti, indi soppresso dal G.le in Capo Murat. Vol. ms. in-fol. avec les portraits de Teulié, Ugo Foscolo et Lancetti, qui prirent part à cette compilation.

1018. Autographes d'Eugène de Savoie et autres gouverneurs de Milan. Environ. *200 p.*

1019. Barili G. Strenna pel capo d'anno 1812. Ms. in-4, d. p.

1020. Beauharnais (de) prince Eugène. Correspondance politique — et — Travaux au port d'Ancône. Deux vol. conten. des pièces mss., telle que lettres, dépêches, rapports, etc. avec S.; portr. et biogr. Rel. en d. p.

1021. Beccaria Cesare, consulte economiche ed altri scritti. Fort vol. in-fol. contenant nombreuses pièces originales et en partie a.; portr. biogr. etc. Rel. en d. p.

1022. Bernardoni. Elenco di alcune parole, oggidì frequentemente in uso le quali non sono nei vocabolari italiani. Milano, 1812, in-8. d. parch. — Ce vol. est entièrement annoté de la main de Vinc. Lancetti.

1023. Berthier Alexandre, maréchal. Dépêches originales pendant les années IV et V (1796-1797), quarantesix pièces précédées de « notices biographiques » Vol. in-4. d. p.

1024. Cabala. Quaestio singularis. Deux mss. du XVIII siècle. Rel. en d. p.

1025. Cabala di Salomone vera. Ms. du XVII siècle. 16 pages in-4; carton.

1026. Cagnola Luigi, Arco della Pace. Acts, lettres, inscriptions, commentaires, dessins originaux et autographes, opuscules; les inscriptions sont de la main de Jean Labus, Rob. Gironi, et autres. Boite en carton.

1027. Carolina Fitzosborn, o, le cose appellate col suo vero nome, novella inglese di una persona senza nome, tradotta in italiano. In-fol. avec deux *admittitur* de la censure autrichienne, 1823 et 1831. Demie rel.

1028. Carteggio diplomatico di oratori della Corte Ducale di Milano presso altre corti d'Italia e straniere nel secolo XV. Important recueil d'un grand nombres de pièces originales en partie s. en partie entièrement aut. Nous citerons entre autres: Relazioni diplomatiche di Nicodemo da Pontremoli. — Matteo di Goca a Francesco I Sforza. — Narrazione fatta dal magn. Alessandro d'Ancona a Bona di Savoia. Missive di Galeazzo M. Sforza. — Capitoli prescritti da Lodovico il Moro per la sommessione del magn. Battista di Campofregoso da Genova; petizioni e categoriche risposte di quest'ultimo. Sommario delle lettere avute dagli oratori da Napoli. — Avvisi avuti da Roma e Napoli. — Sommario delle lettere di Oltre Po. — etc., etc. Rel. en d. p.

1029. Cassin Eug. Choix de morceaux fac-simile d'écrivains et de personnages célèbres. Paris, 1838, in-8; d. p. — Ce vol. se compose de 240 pages: fac-similé de 86 pièces en prose et en vers.

1030. Cenni biografici e bibliografici dei tre architetti Richini. Vol. conten. des pièces ms. a. s. et en partie s. ayant relation à différents ouvrages: avec fig., vignettes, etc. Rel. en d. p.

1031. Cherubini Francesco. Vocabolario milanese-italiano. Milano, stamp. reale, 1814, 2 vol. in-8; d. p. — Ces deux précieux volumes. décrits jadis par leur propriétaire, sont presque intièrement remplis de notes mss. par Alexandre Manzoni auquel ils ont appartenu, par Gaëtan Cioni, G. B. Niccolini, Joseph Borghi et autres; une liste de la main de César Cantù indique les pages où plus spécialment se trouvent les notes de Manzoni, qui employa fréquemment ce dictionn. dans tous ces ouvrages et aussi lorsqu'il donna une nouvelle édition de son roman: *I promessi sposi*. Ces 2 vol. sont accompagnés d'opuscules, portraits, vignettes, le tout renfermé dans une boite en carton, en forme de livre.

1032. Compendio della scienza araldica, et Giuoco d'armi. In-8, avec fig.: à la fin, 1 pl. en bois. XVIII siècle. Rel. en d. p.

1033. Conclusioni amorose. — Cordogli amari del matrimonio. Deux mss.
du XVII siècle, in-fol.; d. p.

1034. Consulti e decreti originali di Gian Rinaldo Carli, presid. del Magistrato Comunale di Milano. — Voti fiscali di Gerolamo Carli, con-
sigliere, etc. (1764-1785). Ce gros volume, in-fol. contient en outre
des pièces relatives mss. du co. Firmian, de César Beccaria, de
Pierre Verri et d'autres collègues; portraits, fac-similés, etc.; d. p.

1035. Corrispondenza segreta d'Alfonso II, marchese del Carretto e principe del Finale. — Gros volume in-fol. contenant, outre la correspondance secrète du marquis Alphonse II et la clef des lettres
chiffrées, un grand nombre de lettres et autre pièces, en ordre
chronologique, s. ou toutes a. du marquis et de ses amis; portr.
précis biogr. etc.

1036. Curiosità tolte dal libro intitolato: Specchio ideale della Prudenza
tra le pazzie; ovvero: Riflessi morali sopra le ridicolose azioni e
semplicità di Bertoldino. Opera nuova e dilettevole di Francesco
Moneti da Cortona. Mss. du XVII siècle, de 132 cartes in-4; d. p.

1037. Decreti del Senato di Milano nel sec. XV e susseguenti. Mss. in-fol.
compren. 44 pièces, avec S. portr. vign., etc. Rel. en d. p.

1038. Divertimenti poetici del p. A. M. da S. Filippo. Ms. du XVIII; 364
pag. in-12; parch.

1039. Documenti storici sui canali navigabili di Lombardia. Mss. in-fol.
contenant des doc. de différentes époques concernant les « Navigli
Pavia, Grande, Martesana, Paderno e Bereguardo » avec les sign.
de gouverneurs, de savants, de directeurs de travaux, etc. avec S.
vignettes. Rel. en d. p.

1040. Documenti storici sulle pestilenze avvenute in Milano negli anni
1524-1577-1630. Mss. in-fol. contenant les documents originaux s. et
contre s. par les gouverneurs et grands chanceliers de Milan, et
plusieurs brochures postérieures, portraits, etc.

1041. Documenti storici sopra luoghi diversi : Munich, Vienne, Madrid,
Barcelone, île de Malte, Anvers, etc. Mss. in-fol. avec s. vignettes, etc.; d. p.

1042. Documenti storici d'ogni genere sullo stato di Milano. Mss. du XV
siècle, divisé en plusieurs sections: Carteggio diplomatico, Annona,
Atti mortuari 1481, Giustizia civile, etc. comprenant 94 pièces, avec
S. fac-similé, etc. Rel. en d. p.

1043. Documenti storici mss. relativi a: Bergamo, Brescia, Como, Lecco,
Tradate, Varese, Cremona e suo territorio, Mantova, Pavia, Lodi,
Crema, Alessandria, Novara, Tortona, Valenza, Vercelli, Vigevano,
Parma, Piacenza, Ferrara, Bologna, Genova e suo territorio con le
famiglie Doria, Saluzzo e Botta-Adorno, Cantoni Elvetici. Huit gros
volumes in-fol. qui comprennent, disposés en ordre chronol., lettres,
decrets, dépêches et autres pièces, parmi lesquelles quelquesunes
d'Andrea Doria et de Giangiacomo de' Medici; d. p.

1044. Document originaux sur l'Insurrection du Tyrol en 1809. Vol. in-fol.
conten. des pièces mss. et imprimées; correspondance intéressant au
plus haut degré les événements de cette époque, enrichie de portr.
vignettes, proclames, etc. Rel. en d. p.

1045. Drammi. La casta Susanna. — Il Conclave, melodrame. In-4. d. p.

1046. Emptio d.ni Benedicti de Aldrouadis a d.no Joanne de putheo et
uxore: (à la fin: anno 1515 die 12 aprilis. Mss. en parchemin de
20 ff. (30 pages) in-4: d. p.

1047. Enigmi. Cahier in-8 contenant 55 enigmes en vers (51 octaves et
1 sonnet): à la fin se trouve la clef. XVIII siècle.

1048. Entrate di alcuni comuni dello Stato di Milano 1465-1467. Ms. synchrone in-fol. obl.; carton.

1049. Fabi Massimo. Milano e il ministro Prina; narrazione storica del Regno d'Italia (aprile 1814). Novara, 1860. in-8. — Envoi aut. de l'auteur à Damiano Muoni. — Ce volume a été enrichi de plusieurs lettres s. de personnages de l'époque, et de leurs portraits.

1050. Fac-similé des écritures de Napoléon Bonaparte et de 15 de ses généraux. In-8; 15 lettres avec le texte en regard; m. p.

1051. Formaggiata di Serestentato al S.mo Re della Virtude. Ms. du XVIII siècle, 132 pag. in-12; d. p.

1052. Foscolo Ugo. Dell'origine e dell'ufficio della letteratura. Milano, 1809, in 8, avec portr. d. p. — Avec envoi autogr. s. de l'auteur à Carlo Catena.

1053. Fracastoro Girol. La sifilide; poema tradotto da G. L. Zaccarelli. Mss. a. présenté par l'auteur à la censure et publié à Crémone en 1821, in-fol.: d. p.

1054. Framassoneria (la) in Italia sulla fine del sec. XVIII ed il principio del sec. XIX. — Atti del ven. Vincenzo Lancetti. — Ce code du plus haut intérêt historique contient: Bulle de Pie VI: disposition de Joseph II: correspondance entre plusieurs loges italiennes et étrangères; guide pour reconnaître un vrai francmaçon: pour célébrer des fêtes: hiérarchie maçonique dans les rites français et écossais; diplômes: etc.

1055. Gianni Francesco. Versi estemporanei. Genova, 1794, 2 t. en 1 vol. in-16, avec portr.; d. p. — Avec notes mss. de l'auteur qui donna le volume à Vincent Lancetti.

1056. Kaunitz Rittberg (di) princ. Venceslao Antonio. Centoventi lettere originali sul reggimento civile e militare della Lombardia, 17 giugno 1757 — 7 giugno 1790. Intéressant recueil. Ms. in-fol. Rel. en d. p.

1057. Lancetti Vinc. Annotazioni sulle scienze arcane. 23 ff. in-fol. Autographe.

1058. Lancetti Vinc. Haiti: versi sciolti con annotazioni marginali autografe di Ugo Foscolo. Mss. a. in-fol. avec portr.; carton.

1059. Lancetti Vinc. Traduzione letterale della « Priapea » — Il puttano, novella. — Antioco, dramma. — Mss. a.; carton.

1060. Lancetti Vincenzo. Mss. autographes diverses: — Apuleio, del demone di Socrate, in-16, 1786. — Antioco, dramma e Haiti in-8. — Elegie amorose di P. Ovidio Nasone, novella traduzione in prosa italiana 1784, in-4. — Del governo libero più conveniente alla felicità d'Italia, in-4. — Il matrimonio delle anime, in-4. — Amor cacciatore, novella per musica, in-4. — Novelle inedite, in-fol. — Avvertimenti morali di Cesare Speciano, copia, in-fol. — Il poema desiderato: pièce imprimée avec notes a. — En tout 9 cahiers; reliés séparément.

1061. Lettere originali di Eugenio di Savoia: 1707-1725. Ce vol. comprend 37 l. s. dont sept furent publiées par le possesseur D. Muoni; avec 8. portr. vignettes, etc. Rel. en d. p.

1062. Lettere spirituali. Ms. des XV et XVI siècle. Douze lettres a. s. avec 8. Rel. en d. bas.

1063. Leynadier Cam. Histoire de maréchaux (26) de l'Empire. Paris, 1852, in-4. fig.; d. p. Dans ce vol. outre les portraits ont été insérées plusieurs l. s. des maréchaux.

1064. Longobardo Michele, medico di Carlo VI Imperatore. Il medico in casa. In-8. 644 pages, XVIII siècle. Rel. d. p.

1065. Marazzi co. Paolo. Alcuni cenni su Treviso e sua marca. Ms. de 38

c. in-4, avec une préface a. de l'abé Fr. Regonati, une note et une
l. a. s. de l'auteur, vignettes, etc.; d. p.

1066. Tractatus de febribus (XVIII siècle). — Riva Franç. Anatomia delle
parti pudendi muliebri. — Idem. dell'edificio del corpo humano, e
breve discorso sulla flebotomia. — Porati Antonio. Annotazioni (far-
macentiche). 4 vol. mss. in-8 et in-4; reliés en d. p. et carton.

1067. Memorie numismatiche. Vol. contenant mémoires mss. ou imprimées
sur monnaies spécialement italiennes, et un catalogue de monnaies.
2 vol. in-fol. reliés.

1068. Memorie storiche di Correggio: documenti originali sulla storia di
Correggio e dell'ultimo suo principe D. Siro d'Austria, avec la table
des principales pièces. Vol. in-fol. avec S., notices imprimées, vignettes, etc.; d. p.

1069. Memorie storiche di Pavia. Vol. in-fol. contenant lettres, decrets,
dépêches, etc., ms. et imprimées, relatives aux fortifications de la
ville, etc. avec S., vignettes. Rel. en d. p.

1070. Milano. — Bevilacqua E. Sull'irrigazione dello Stato di Milano 1789.
— Neri Pompeo. Consulte originali sulle tasse, personale e merci-
moniale, 1754-1757. 2 vol. mss. in-fol.; reliés.

1071. Moscati Pietro dott. fisico. Scritti autografi, 13 marzo 1788 — 26 novembre 1812. Ce vol. comprend des lettres privées et dépêches
d'office. Rel. en d. p.

1072. Muoni Damiano. Autografi, melodrammi e balli, libretti esposti alle
mostre musicali di Milano 1881 e di Vienna 1892. Vol. in fol. en
partie ms. en partie avec brochures imprimées; d. parch.

1073. Novizze (le) riformate, romanzo spirituale. — Pesani, rime piacevoli.
— Dragonetti, orazione in lode della poesia. Mss. originaux a. du
XVIII siècle. In-4, carton.

1074. Parini Giuseppe. Poesie. Milano, 1824, in-8; d. p. — Dans ce volume
ont été insérés, deux portraits, deux a. du Parini et du chan. Ange
Agudi, et une belle lettre de la célèbre marquise Paola Castiglioni-
Litta.

1075. Pellico (Silvio). Francesca da Rimini, tragedia. Milano, 1818, in-8.
Exemplaire, avec envoi autographe de l'auteur à M.me la comtesse
d'Oxford. — Dans le même volume il y a une courte poésie a. s. de
Pellico et une l. a. s. de son frère Louis.

1076. Pellizaro Mallaguzino Andr. Parafrasi lirica delle lettere delli Eroi
del p. Jacopo Bidermanno libri III. Volume a. in-8; rel. en basane.

1077. Reali dispacci. Amministrazione di Lombardia 1572-1760. Ms. in-fol.
de 61 cartes, extraits d'ordonnances, édits, décrets sur différents
sujets d'administration; d. p.

1078. Relazioni e istruzioni sulla preparazione delle torbe, di E. Pini, C.
Amoretti, Cesare Beccaria ed altri. Mss. a. in-fol. carton.

1079. Ristretto di cose notabili successe dal principio del mondo, ecc. Gros
vol. ms. du XVIII s. in-16; d. parch.

1080. Rubrica di spese sostenute per vari oggetti dalla ducale casa Sforza.
Notes mss. synchrones en partie signées. Rel. d. p.

1081. Scotti abate G. B. Le protezioni, commedia in tre atti. Mss. a. in-fol.
carton.

1082. Sententiae. Petit volume ms. du XVII siècle in-12, 547 pages numér.;
rel. en parch.

1083. Serie di Reali Dispacci ed Ordini 1705-1768. Ms. in-fol. de 128 pp.
de caractère uniforme, compren. des pièces qui concernent le sel,
les marchandises, le tabac et les bureaux. Rel. en d. p.

1084. Sfondrati Hercules. De imperatorio munere, sive de gloria belli, quod in Gallia gessit dux et imperator Hercules Sfondratus. Ms. de la fin du XVI siècle, 33 pages gr. in-fol.; carton.

1085. Sitonis (de) Camillus à Scotia. Poème en IV livres dont le thème est la Guerre del chrétiens contre le tures an XVI siècle. Ms. original de l'auteur, in-fol. d. parch. — Une copie nette de ce poème existe à la Bibliothèque Nation. de Brera.

1086. Sitone di Scozia. Scritti diversi. Mss. a. de 102 cartes num. in fol. et in-4. — Un trou de 4 1|2 centimètres de diam. traverse, en se rétrécissant, les 38 premières ff.

1087. Sitoni J. B. Epistolae quaedam XXVII datae ab anno 1619 ad 1621. In-4; rel. en parch.

1088. Storia d'Ungheria dalle origini al 1539. Ms. inédit de 91 pages numérotées, du XVI siècle; d. p.

1089. Tägliche Andachts Uebungen zusammen getragen von Einem der besten Freunden vor Joanna Durchlakerin. Ms. in-16 en caractères très nets, tr. dorées; d. parch.

1090. Tavole orarie. Mss. du XVII siècle, in-16, avec diagrammes; d. p.

1091. Teologia naturale e rivelata. Mss. d'auteur inconnu, de 215 pages, in-16; d. parch.

1092. Tesoro dei filosofi. In-8, de 64 cartes. XVIII siècle.

1093. Teulié Pietro. Longue lettre a. s. (31 p. et 1|2 in-4) à Vinc. Lanceni sur un projet d'histoire militaire des anciens peuples. Portr. biogr. et autres d. s.; d. p.

1094. Transactiones. Ms. de notaire en 10 pages en parchemin, Ferrariae 1492. In-fol.

1095. Val d'Ossola. Cahier comprenant: *Statuti della communità di Ornarasso* et trois pièces se rapportant à Domodossola. Mss. synchrones de différ. époques. — Manoscritti inediti di vario genere dell'ingegnere Giacomo Frassi.

1096. Verri Pietro. Carteggio ufficiale di P. Verri presidente del Magistrato Camerale di Lombardia 1765 1786. Vol. in-fol. contenant encore des pièces s. par Beccaria, Mellerio, Carli, Kevenhüller, etc.; d. p.

1097. Villette Ch. Lettres choisies sur les principaux événements de la Révolution. Paris, 1792, in-8, basane. — Sur le feuillet blanc qui précède l'avant-titre, il y a un envoi a. de l'auteur en 7 lignes.

1098. Vita di Rodrigo Borgia assunto al pontificato col nome di Alessandro VI e del duca Valentino suo figliuolo. — Ms. inédit du XVII siècle, 98 c. in-4. Il commence par les mots: *Goffredo Borgia che aveva per moglie la sorella di Calisto 3.º* et finit: *con soddisfazione d'ambe le parti.* Cartonné.

1099. Vito Romanini L. Educazione della femmina israelita. — Orazione del pontefice ebreo contro il Nazareno Gesù Cristo detta nella sinagoga di Gerusalemme. — Scaglioso Lor. De successionibus. — 3 vol. mss. in 4 et in-fol.; reliés.

1100. Lot de N. 7 volumes de fac-similés d'autographes et de signatures, formats in-8, in-4 et gr. in-fol.

PARCHEMINS

1101. Livre d'heures imprimé sur parchemin pour l'an 1500 :

Heures à lusaige dé Rome tout au long sas riens requerir avec les figures de la pocalipse. — Ce titre est imprimé au bas de la 1ère page et en dessous d'une miniature représentant Hercule décochant une flèche contre Nessus qui enlève Déjanire. Au verso de la dernière carte: **a la louenge de Dieu, etc. Ont este nouuellement Imprimees a Paris par Guillaume anabat Imprimeur demourant en la Rue sainct Jeha de beauluais a l'eseigne des Lonis pres les grandes escolles de decret..... Tout pour le mieulx.** — Ce précieux volume se compose de 116 cartes (signées A-O 4 et P 2), et comprend 16 miniatures à page entière enluminées en or, nombreuses miniatures plus petites et initiales ; chaque page est renfermée dans de frises en noir toutes différentes. Reliure en peau avec impressions à sec parsemée d'abeilles (emblèmes de la maison Barberini): traces de fermoirs. Edition non citée par Brunet.   Hauteur de l'exempl. millim. 231, larg. 145.

1102. Lot de 4 documents sur parchemin: Concessio Capituli et canonica Lateran. Hyer. Vida, episc. Alben. 7 jan. 1534. — Bulle du Pape Léon X, avec ses arm. 29 jun. 1519. — Pétition au pape Jules II, avec ses arm. — Decret du card. Franç. Piccolimini, 31 jan. 1491 avec ses arm. Ces 4 pièces, outre les armoiries indiquées, sont ornées de figures et ornements inluminés en or.

1103. Diplome signé: *Petrus Cernovichius alias Angelus Dux, etc.* Paduae. 8 die. 1576. Avec trois grandes armoiries et lettres enlum. en or. Deux thèques avec sceaux en cire.

1104. Deux diplomes s. de Charles Emanuel III et Victor Amédée III.

1105. Sept doc. au nom de Blanche M. Sforza, Bonne de Savoie et Jean Galéas M. ducs de Milan, dont un avec arm. et ornem. enluminés en or.

1106. Quatre décrets des doges de Venise: Léonard Loredan, Jean Pisani et Jean Corner.

1107. Dix documents au nom Iº des Rois de France François I, Henri II, Charles IX, Louis XIII, Louis XIV.

1108. Trois doc. signés: Charles Quint, Philippe II et Charles III, et 1 doc. au nom de Philippe II (*4 pièces*).

1109. Quatre doc. impériaux s.: Marie Thérèse, Ferdinand II, Léopold I, Ferd. Ch. archiduc, 1 doc. au nom de Sigismund I (*5. p.*)

1110. Huit concessions, privilèges et autres pièces italiennes et étrangères.

1111. X. 19 bulles et brefs de papes et évêques.

1112. Lot de 39 instruments de notaire, du XII au XV siècle.

PORTRAITS

—

Séries de 6500 portraits de souverains, et personnages illustres, de toutes
les époques et de tous les pays, dans la religion, les sciences, les
arts, les belles lettres, la politique, la guerre etc., la plus part
gravés en tailledouce et plusieurs même par des graveurs renommés,
tels que *L. Calamatta, L. Cathelin, J. Le Bas, Franç. David, A.
Lapi, Lasinio, G. Edelink, Gius. Longhi, Fr. Rosaspina, Sam.
Jesi, Corn. Meissen, L. Vorsterman, G. G. Wille,* etc.   Quel-
quesuns sont accompagnés de sa biographie.

1113. Empereurs Romains; *24 p.*

1114. Rois de Macédoine, Egypte, etc. *29 p.*

1115. Papes; *338 p.* parmi lesquelles une belle serie presque complète
depuis St. Pierre jusqu'à Grégoire XIII.

1116. Maison de Savoie : *33 p.*

1117. Rois de Naples et de Sicile; *21 p.*

1118. Maisons Visconti et Sforza, dues de Milan; *48 p.*

1119. — de' Médicis, granducs de Toscane; *36 p.*

1120. Maison Farnèse; Gonzague; d'Este. *37 p.*

1121. Maisons Pico; Colonna; Ursins; Scaligères; Della Rovere; Malatesta;
Borgia; Fieschi; Castracane et autres; *44 p.*

1122. Doges de Venise; *56 p.*

1123. Chevaliers de Malte; *20 p.*

1124. Familles royales de France; *137 p.*

1125. Rois d'Espagne; 37 p. Rois de Portugal, 15 p. En tout *52 p.*

1126. Empereurs d'Allemagne: maison impériale d'Autriche; *99 p.*

1127. Rois de Bohème: rois de Hongrie; princes de Transilvanie; *62 p.*

1128. Maisons des anciens empereur d'Allemagne; *63 p.*

1129. Ducs de Lorraine; *20 p.*

1130. Comtes palatins du Rhin; électeurs, ducs, rois de Bavière; *43 p.*

1131. Ducs, électeurs, rois de Saxe; *44 p.*

1132. Electeurs, archevêques de Cologne, Mayence, Trèves; *24 p.*

1133. Granducs de Baden; ducs de Brunswick; *30 p.*

1134. Rois de Prusse; élect. de Brandebourg; *31 p.*

1135. Maisons diverses d'Allemagne: Anhalt; Hessen; Cobourg; Hohenlohe;
Holstein; Würtemberg, etc.: *57 p.*

1136. Familles royales de la Grande Bretagne, de l'Ecosse, de l'Irlande : *57 p.*

1137. Souverains des Pays-Bas; princes d'Orange; maison de Nassau; roi
de Belgique; *58 p.*

1138. Souverains de la Scandinavie; *52 p.*

1139. Souverains de la Russie et de la Pologne: *100 p.*

1140. Souverains de l'Orient; Perse; Turquie; Chine; Japon; souverains
barbares; et autres: *75 p.*

1141. Peintres, sculpteurs, architectes, graveurs, ciseleur, etc. *1163 pièces*.
1142. — idem: *46 très-belles* p. in-fol. parmi lesquelles un portr. de Canova, grav. coloriée par *Sergent-Marceau*, d'apres une peinture de l'Appiani.
1143. Maîtres-compositeurs de musique: *112 p.*
1144. Artistes dramatiques; comédiens; chanteurs; cantatrices; choréographes; danseuses, etc. *178 p.*
1145. Hommes de guerre; capitaines illustres; amiraux. *627 p.*
1146. Conspirateurs; régicides; tribuns; dictateurs; tyrans, etc. *117 p.*
1147. Hommes d'état; ministres; dignitaires; diplomates; magistrats, etc. *211 p.*
1148. Jurisconsultes; économistes; publicistes. *85 p.*
1149. Saints et bienheureux. *112 p.*
1150. Cardinaux; archevêques; évêques; patriarches; abés; abesses; théologues, etc. *441 p.*
1151. Théologues hétérodoxes; réformateurs; hérésiarques, etc. *81 p.*
1152. Philosophes; promoteurs d'institutions éducatives. *133 p.*
1153. Médecins; chirurgiens; chimistes; zoologues; botanistes; naturalistes, etc. *251 p.*
1154. Mathématiciens; physiciens; mécaniciens; astronomes; géographes. *110 p.*
1155. Voyageurs; fondateurs de colonies; aéronautes. *39 p.*
1156. Paléographes; archéologues; numismates. *33 p.*
1157. Historiens; chroniqueurs; biographes; romanciers. *165 p.*
1158. Poètes lyriques, épiques, satiriques. *225 p.*
1159. Auteurs dramatiques; tragédiens; comiques. *56 p.*
1160. Linguistes; philologues; critiques; hommes de lettres; bibliothécaires, etc. *154 p.*
1161. Philanthropes; auteurs et propagateurs de découvertes utiles. *112 p.*
1162. Femmes célèbres. *105 p.*
1163. Mélange: *281 p.* y compris quarantehuit p. in-fol.

DESSINS - GRAVURES

Dessins.

1164. Grand album contenant 251 dessins à la plume, au lavis, à l'aquarelle, à la sanguine, etc., de sujets différents; en partie signés, en partie attribués aux artistes suivants: *Appiani Andr., Bignoli, Bison, Bossi L., Bouvier, Camuccini Vinc.,* les *Caracci, Carnevali Gior., Cignaroli, De Maurizio F., De Belly, Gaibazzi Arist., Gandolfi, Induno, Landriani, O. Migliara, P. Palagi, Palmiri C., Penati Gius., Picozzi, Pistrucci Fil., Procaccini, Sabatelli L., Sanquirico, Scarpetta, Tirelli G., Vaccari G.* et autres. Grand. in-fol. Rel. en maroquin brun.
1165. Album grand in-fol. contenant 97 dessins à la plume et au lavis par Bernardino, Fabrizio et Giov. Antonio Galliari; sujets de paysages. D. rel.

1166. Album de 68 dessins à la plume et au lavis par *Gaibazzi, Stefanini*, etc.: la plus part de sujets scénographiques. In-fol. obl.; d. rel.

1167. Album de 47 dessins par *Bison*. In fol. obl.; d. rel.

1168. Album de 43 dessins chinois et japonais en couleur sur papier de soie; rel. en toile.

1169. Trois pétits albums avec dessins de modes, etc.

1170. Album in-fol. avec 11 dessins d'architecture, par *P. Martorana*.

1171. Grand dessin représentant une scène d'histoire vénitienne; d'après un tableau de Hayez.

1172. Lot de 2 dessins au lavis; 1 portrait au crayon approuvé et signé par M. d'Ayala; 6 autres portraits en couleur et 18 au crayon; En tout 27 *p*.

1173. Lot de 31 dessins à la plume et à la sanguine.

1174. Lot de 20 dessins d'apres Raphaël.

1175. Lot de 60 dessins de paysages, en partie en couleur et en partie au crayon.

1176. Lot de 67 dessins, en noire et en couleur, d'architecture et ornement.

1177. Lot de 49 dessins d'Académie au crayon noir et rouge, etc.

1178. Lot de 26 costumes de théâtre en couleur, 8 dessins de scènes et une aquarelle de Louis Sfrosati. *35 p*.

Gravures.

1179. Anderloni Pietro e Faustino. 15 bustes.

1180. Avril. Naissance de Samson, Pénélope et Ulysse. 2 *p*. Haut. cent. 66 larg. 85.

1181. Baratta Lorenzo. Etudes de têtes; 3 pièces in 16.

1182. Bartoli P. Sante. Soujets historiques; 3 pièces.

1183. Bartolozzi Franc. Aloysius Pisani eques 1793. Haut. 10 larg. 29. — 2 portraits de l'artiste.

1184. Bartsch Adam. Funérailles de Décius (Rubens pinx.) Haut. 62 larg. 95.

1185. Bassano Cesare. 32 gravures decoupées, in 16.

1186. Beatrizet N. La chûte de Phaëton. Haut. cent. 42 1|2 larg. 30.

1187. Beauvalet F. Repas donné par Esther à Assuerus: (peint par F. de Froy).

1188. Beretta G. Carlo VIII visita G. Galeazzo M. Sforza, (deux pièces, dont une avant-lettre). — L'estremo giorno del conte di Carmagnola. — En tout 3 grandes gravures.

1189. Biscaino Barth. La nativité du St. Saveur (sans marge). Haut. 38 1|2 larg. 28. Autre exemplaire haut. 54 larg. 41. — 2 *p*.

1190. Bisi Michele. 5 sujets divers et 3 portraits.

1191. Bloemaert. 2 gravures découpées. — Bloemaert Cornelius. Le miracle de St. Pierre; La Vierge présentant l'enfant Jésus à St. François, etc. 5 grav. — En tout 7 *p*.

1192. Blooteling Abramo. Sujet galant, manière noire. Haut. 30 1|2 larg. 39 1|2.

1193. Callot Jacques. Les misères et les malheurs de la guerre. *18 p*.

1194. = Mendiants; *25 p*. in-16.

1195. — 13 costumes; in-16.

1196. Callot Jacques. Sujets militaires, etc. 32 petites gravures.

1197. : Sujets sacrés. 41 petites gravures.

1198. — 11 gravures de sujet militaire et de fantasie, etc. avec son portrait.

1199. Caracci Agostino. St. Jérôme Haut. 38 larg. 27.

1200. = Enée délivrant son père Anchise et son fils des ruines de Troïe incendiée. Haut. 40 larg. 52.

1201. Caracci Hann. Mercure apportant la pomme au berger Paris. Haut. 32 larg. 23.

1202. —: 7 gravures de tableaux et fresques par *Carlo Cesi*.

1203. — (Ag. et Hann.) 8 gravures de sujet sacré et 5 mythologique. En tout *13 p*.

1204. Caronni Paolo. Il trionfo di Davide (Domenichino dip.) L'adorazione del vitello d'oro (Nic. Poussin dip.) 2. *p*. Haut. 75 larg. 107.

1205. Carpioni Giulio. L'Amour bandant les yeux à la Tempérance. Haut. 23 larg. 17.

1206. Castiglioni Giov. La fuite en Egypte, et quatre autres gravures de sujet champêtre. *5 p*.

1207. Celetti Giuseppe. Demie figure di David.

1208. Ciamberlani Luca. *Noli me tangere* d'après le tableau de Fréd. Barocci. Haut. 50 larg. 38.

1209. Collaert Adriano. Le sacrifice de Job et deux sujets tirés de l'Evangile. *3. p*.

1210. Collin Riccardo. Quatre gravures; portrait et sujets mythologiques.

1211. Cort Cornelius. St. Jérôme Haut. 13 larg. 32.

1212. Cranach Lucas. St. Géneviève (?) *2 copies*.

1213. Della Bella Stefano. Cavaliers. *6 p*.

1214. — 8 gravures: animaux et chasses.

1215. — 8 marines.

1216. = 8 études de têtes et 5 petits sujets. — En tout *13 p*.

1217. Denon Dom. Paysage, 5 bustes et 1 sujet mythologique. *7 p*.

1218. De Pas Crispin. Caïn frappant Abel; le martyre de St. Eléazar; scène du Vieux testament. *3 p*.

1219. Duchange Gasp. « Satia te sanguine quem semper sitisti » d'après une peinture de Rubens. Haut. 42 larg. 54.

1220. Durer Alberto. *Via Crucis*, Jésus rencontre la Veronique. Gravure en taille douce. Haut. 11 1|2 larg. 7 1|2.

1221. — Cheval avec son palafrenier: A D; 1505. Haut. 16 1|2 larg. 12.

1222. = La Mélanconie, l'enfant prodigue, le chevalier de la mort, etc. 5 copies en t. d. et sur bois.

1223. Flipart. Chasse à l'ours, chasse au tigre. (Van Loo et Boucher dip.) 2 gravures. Haut. 70 larg. 50.

1224. Galle Cornelius. L'enfant Jésus et St. Jean avec une brébis. *P. P. Rubens delin*. Haut. 47 larg. 58.

1225. = Idem. 16 gravures: volailles.

1226. = Philippe. Le massacre des innocents.

1227. = Theodore. 21 gravures : poissons.

1228. = Idem. 62 grav. Vies de Marie et de Jésus.

1229. Gandolfi Gaetano, Mauro et autres. 6 sujets religieux, 4 portraits, etc. En tout *13 p*.

1230. Gibert Aut. Napoleone al monte S. Bernardo (David dip.)

1231. Jazet. Deux batailles navales: le « Duquesne » et le « Jean Bart. »

Haut. 80 larg. 105   Déclaration de l'indipendence des Etats Unis d'Amérique le 4 juillet 1776. Haut. 67 larg. 87. — En tout *3 p.*

1232. Knolle Fed.; Wille G. Giorgio. 11 sujets différents.

1233. Geyn Jacques; Les douze fils de Jacob. *12 p.*

1234. Giminiani Giacinto: Le rapt des Sabines, *Petrus Berretinus Corton. delin.* Haut. 19 larg. 101.

1235. Goltz Enrico. 3 grav.: portrait de Christophe Plantin; groupe de chevaux; Débora. — 5 gravures du « *Credo* ». — En tout *8 pièces.*

1236. Hogenberg Francesco. Portrait de Gérard Mercator.

1237. Hollar. 4 pièces: portraits de Th. Hobbes, Vittoria Colonna, et deux inconnus.

1238. Houbraken Jacques. Deux portraits: Samuel Poufendorf et Petrus van Musschenbroek. *2. p.*

1239. Houston Riccardo. Portrait de Mr. John. Fenyan. Haut. 35 larg. 25.

1240. Giarri G. Alfabeto di lettere iniziali adorno di animali. Firenze 1797 19 planches.

1241. Kilian Philip, Georges, Luc et Wolf. 8 portrait et 3 sujets différents. — En tout *11 p.*

1242. Krueger F. Portrait d'Albert Thorwaldsen. Haut. 80 larg. 60.

1243. Küssell Math. La chûte de Phaëton; portrait d'Éleonora Gonzaga; — Küssell Melch. « Giuoco del pallone ». *3 p.*

1244. Lemire Noël. 3 gravures de sujets mythologiques.

1245. Leoni Ottavio, dit « Le Padovanino ». Six portraits.

1246. Londonio Franc. 12 eaux-fortes, animaux.

1247. Longhi G. Le génie de la Musique et l'Amour. 2 demies figures d'hommes et 2 bustes. *5 p.*

1248. — Trionfo di Scipione. Haut. 60 larg. 86.

1249. — Elèves de G. Longhi et de P. Anderloni: *I. Altini, G. Barni, G. Mauri, Caterina Piotti, C. Raimondi,* etc. *32 p.* de sujets différ.

1250. Lucas de Leyde. 2 copies.

1251. Maratta Carlo. 5 sujets religieux.

1252. Mauperché Enrico. L'enfant prodigue. Haut. 21 larg. 30.

1253. Mellan Claude. St. François; Psyché découvrant Cupidon; sujet galant; portrait de Raphaël Menicucci. *4 p.*

1254. Morghen Raphaël. 15 portraits et sujets divers, dont 4 en double. — En tout *19 p.* et portrait de l'artiste.

1255. Mottram Ch. « The lost shepherd » Haut. 76 larg. 108.

1256. Muller J. G. Bacchus, demie figure.

1257. Nothnagel J. A. Benj. 9 bustes d'hommes.

1258. Novelli Franc. La Calomnie et autres 16 petites gravures.

1259. Orley (van) Rich. Bacchus ivre entouré de Satyrs et Bacchants. D'après Rubens. Haut. 45 larg. 34.

1260. Pedro Franc. La devideuse: « Rachel idola patrem decipit ». *2 p.* d'après de peintures anciennes.

1261. Perfetti Pietro. Bienheureux Jérôme Emiliani, demie figure. Haut. 80 larg. 22.

1262. Piccini (Famille). 3 portraits par *Jacques* et *Isabelle Piccini.*

1263. Pitteri Giov. et Viero Theod. 5 portraits et 7 sujets religieux; *12 p.*

1264. Podestà J. André. Bacchanals, 2 gravures d'après de peintures du Titien.

1265. Poilly (de) François. Portrait de P. Franc. Tonduti St. Léger. — Pethus et Aria. *2 p.*

1266. Pont (du) Paul. Portrait de soi même et de Raphaël. 2 *p.*

1267. Raimondi Marcantonio. 1. La mort d'Ananie. 2. Le Parnasse de Raphaël. 3. Il morbetto et autres 5 gravures allégoriques de Vertus. 8 *p.*

1268. — Élèves et imitateurs de Marcantonio: J. Bapt. Franco, Enea Vico, Aurelio Colombo, Agostino De Musis, Marco di Ravenna, etc. 11 pièces de sujets différents.

1269. Raimondi Carlo. Portrait de François Joseph I (Hayez dip.) Haut. 90 larg. 64.

1270. Ravenet S. F. Portrait de Raph. Mengs peint d'après lui même. Haut. 55 larg. 42.

1271. Rembrandt Paul. 3 demies figures d'hommes et deux sujets. — En tout 5 petites pièces.

1272. — 9 copies d'après des gravures de Rembrandt.

1273. Ridinger I. E. Figures de guerriers, etc. 9 *p.*

1274. Rosa Salvatore. Bataille; figure d'anachorète; 8 sujets différents. — 10 *p.*

1275. Rosaspina Franc. Demie figure d'homme en costume oriental d'après une peinture de A. Vander Werf. Haut. 45 larg. 31.

1276. — 7 gravures de sujets différents.

1277. Rotari co. Pietro. Étude de tête, petite gravure.

1278. Sadeler Égide. Le massacre des Innocents; portrait de Pierre Breugel peintre; 5 sujets religieux, 3 paysages. — En tout 10 *p.*

1279. — Hans. St.e Cécile; Salomon sur son trône 1590. 2 *p.*

1280. — Idem. Astronomia; dialectica; arma; Neptune. 4 *p.*

1281. — Idem. Sujets tirés du Nouveau testament et trois saints. En tout 10 *p.*

1282. Scott James. « James Watt and the steam engine » Haut. 60 larg. 88.

1283. Tardieu Nic. II, Jacques, P. Franc., P. Alex, Alex.: 10 gravures, portraits, sujets religieux, etc.

1284. Tempesta Ant., Faits d'armes du Vieux testament. Romae 1613 in-4 obl. 24 gravures et 8 autres gravures du même; toile.

1285. Testa Pietro. 3 Eaux-fortes.

1286. Tiepolo J. Dom. 3 stations de la « Via Crucis » (1, 4, 5).

1287. Toschi Paolo et ses élèves Delfini, Marchesi, Paradisi, etc.; 24 gravures de sujets historiques, mythologiques, etc., et 12 portraits. En tout 36 p.

1288. Triva Ant. Le repos en Égypte.

1289. Valesio G. L. Raccolta di S. Padri nel deserto. Bologna, Guidotti, 1763, in-4 avec 30 planches.

1290. Vangelisti Vincenzo. La nourrice ou le bain forcé. Haut. 45 larg. 33. — Cette gravure porte les traces des dégats causés par l'artiste à son œuvre avant de se suicider.

1291. Van Gunst Pierre. 2 portraits de Sophie Dorotée reine de Prusse et de Phil. de Limborch; monument sepulcral de Franc June F. F. 3 *p.*

1292. Vignon Claude. St. Philippe baptisant l'Eunuc. Eau-forte. Haut. 36 larg. 26.

1293. Villamena Franc. La descente de croix. Haut. 58 larg. 35.

1294. Volpato Giov. Le St. Sauveur au Jardin des oliviers; 9 paysages dont 1 tiré sur papier bleu. 10 p.

1295. Vorsterman Lucas; (d'après Rubens) La sainte famille, et Martyre de St. Laurent. 2 *p.*

1296. Wille P. Alex. La Bonne femme de Normandie; La soeur de la bonne femme, en double, et La petite écolière. *4 p.*

1297. Lot de 4 gravures Eléazar et Rebèque par *A. Viriani;* Bersabée (Hayez dis.) par *Bart. Soster;* La Vierge aux étoiles (Dolci dis.) par *Ed. Mandel;* La Vierge avec l'Enfant (Leonardo dis.) par *I. Bernardi.*

1298. Lot de 37 gravures de paysages, etc. par Chr. Dietrich; Is. St. Helman; J. Le Bas; G. Perelle; M. Ricci; A. Waterloo; G. Zancon, etc.

1299. Lot de 10 gravures italiennes de sujets différents dont une avant-lettre par *Raph. Morghen, J. Folo, Gandolfi, S. Polacco,* etc.

1300. Lot de 6 gravures anglaises: La Vierge de Murillo par *Knolle.* — The first whisper of love, Alma Tadema dip., *L. Lowenstam* se. Chien, engraved by *W. I. Davey;* Morning, by *Wittoll;* Forget-me-not, by *W. H. Mote;* Devotion by *H. T. Ryall.*

1301. Lot de 11 grandes gravures françaises de sujets différents par *Rollet, Géraud, Blanchard, Donney, Ledoux, Thévenin;* etc.

1302. Lot de 6 petites nielles.

1303. Lot de 55 gravures anciennes et modernes; 16 lythographies et 12 lythographies coloriées: faits historiques, personnages, allégories, caricatures, etc. allusives à l'histoire de France. En tout 63 p. parmi lesquelles: portrait du prince Ch. Henri de Lorraine par *N. de Larmessin;* Mirabeau par *Beisson;* La Liberté triomphante par *l'angelisty;* à Bonaparte pacificateur, même gravure de *l'angelisty* avec modifications; La France 1811 par *Garnier.*

1304. Lot de 4 assignats de la République française: 50 sols, 5 livres (2 p.) 100 francs.

1305. Indépendance d'Italie; lot de 36 gravures; 8 gravures coloriées; 38 lythographies dont la pluspart en couleur; 2 dessins; 3 cartes géographiques de 1798, 1803 et 1 atlas du 1807. — En tout *88 p.* regardant la période de l'indépendance de l'Italie depuis la Rép. Cisalpine (1796) jusq'à 1870: Portraits, faits historiques, batailles, cérémonies, médailles, allégories, caricatures, etc. — A ce lot intéressant on a joint 24 proclames, édits, feuilletons, et autres pièces imprimées de différentes époques.

1306. Vues de Milan, du dôme, de ses monuments, cérémonies publiques, plans, etc.: 97 gravures, 5 lythographies et 4 dessins. En tout *106 p.*

1307. Lot de gravures et 11 lythographies; vues des ville du Piémont, de la Ligurie et de la Sardaigne.

1308. Vues de ville de Venise et de plusieurs endroits et villes des provinces vénitiennes: 34 gravures et 4 lythographies.

1309. Lot de 27 gravures; vues et monuments de plusieurs villes et sanctuaires de la Lombardie, et 28 vues des lacs de Como, Garda et Majeur. En tout *55 p.*

1310. Lot de 42 gravures et 6 lythographies: vues, monuments, églises, plans, etc. de Modène, Plaisence, Florence, Sienne, etc. — En tout *48 p.*

1311. Vues, monuments, palais, conclaves, églises, places, etc. de Rome: 46 gravures, 7 lythographies et 3 dessins. - En tout *56 p.*

1312. Lot de 10 gravures par *G. B. Piranesi:* antiquités romaines.

1313. Lot de 53 grav. et 24 lythographies. Vues, monuments, antiquités, palais, églises, et de plusieurs villes de l'Italie méridionale. Naples, Pompeï, Herculanum, Méssine, Palerme, etc.

1314. Lot d'environ 242 gravures et lythographies: vues et monuments de villes de l'Europe, parmi lesquelles. 17 de la Suisse et des bords du Rhin, de l'Orient, etc.

1315. Monuments sépulcraux: lot de 26 gravures, parmi lesquelles le monument de Clement XIII par Raph. Morghen.

1316. Lot de 200 portraits des personnages célèbres dans les sciences et les arts, la milice, la politique, la religion, etc. par *R. Bordiga, J. Beaucarlet, Barni, G. Beretta, L. Calamatta, A. Clowet, L. Cathelin, J. Le Bas, Franç. David, A. Lapi, C. Lasinio, G. Edelinck, St. Ficquet, Giberti, Gararaglia, G. Longhi, G. Mercoli, F. Rosaspina, Sam. Jesi, P. Savart, P. Tanjè, L. Valperga, G. G. Wille, Zuccherelli, L. Vorsterman, J. Troijen, Corn. Meissens, Frl. Polanzoni, etc. etc.* Pourront être divisées.

1317. Lot de 78 gravures modernes: portraits de personnages célèbres par *Carelli, F. Lignon, P. Toschi, Levy, F. Anderloni, B. Taurel, A. Lauro, L. Ceroni*, etc.

1318. Lot de 74 gravures anciennes de sujets religieux d'artistes italiens et étrangers. — Originaux et reproductions.

1319. Lot de 78 gravures anciennes: sujets historiques, mythologiques, allégoriques d'artistes italiens et étrangers dont quelsquesunes d'apres de peintures de Giulio Romano, C. Maratta, Titien, G. B. Tiepolo. A. Kauffmann.

1320. Lot de 40 gravures anciennes de paysages et marines d'auteurs italiens et étrangers.

1321. Lot de 81 gravures reproduisant de tableaux d'écoles italiennes et étrangères.

1322. Lot de 62 gravures: sujet religieux, mythologiques, allégoriques, etc.

1323. Franco Giac. 19 gravures pour la Gerusalemme du Tasso. — Album de 51 gravures d'anciennes statues. — Costumes populaires de Venise. 19 gravures. En tout 3 vol. in-4.

1324. Album de 160 petites gravures de différents sujets par *Koch G., Charles Hollinger, R. Lafage, D. Rickaert, J. J. Sandrart*.. d. rel.

1325. Très beau lot de blasons et devises de familles souveraines et nobles de l'Italie. Environ 500 pièces, la pluspart en couleur.

1326. . . idem d'armoiries de villes de l'Italie y compris une trentaine de corporations, sceaux. etc. Environ 280 pièces.

1327. Album in 4 obl. relié en toile, contenant 121 planches de monnaies et médailles, sceaux, etc.

1328. Lot de 34 gravures différentes et 13 paysages. — 47 p.

1329. Album in 4 obl. contenant 84 gravures modernes.

1330. Lot: Oiseaux, insects, quadrupèdes, poissons et fleurs. 101 p. dont plusieurs en couleur.

1331. Lot de 6 gravures et de 21 lythographies de sujets différents en couleur.

1332. Lot de lythographies, la pluspart paysages.

1333. Lot de grand nombre de gravures au trait: tableaux des galeries de l'Europe.

1334. Lot de grand nombre de lythographies, études de figure, ornements, paysages, fleurs, animaux, marines, etc.

1335. Lot de 78 reprodutions en photographie de tableaux et dessins d'anciens maîtres, statues, basreliefs, dont 24 très grandes.

1336. Lot de 90 photographies: monuments, vues d'ensemble, places, portraits, etc.

1337. Lot de 2 albums de photographies.

1338. Album de timbres-postes contenant environ 1900 pièces, d'émissions italiennes et étrangères.

1339. Sons ce numéro seront vendus les objets non catalogués.

LIVRES

I.

Héraldique; généalogie; théatre; histoire; mélange.

1. Boccaccio. La Fiammetta. Firenze, Agostini 1831. in 64: p.
2. Gresset. Oeuvres choisies. — Tressant. Contes. — Vergier. Oeuvres choisies. — La Fontaine. Contes. — Card. de Bernis. Oeuvres. — Les amours de Daphnis et Chloé. Paris, 1802, 7 vol. in-32; p. l. d.
3. Plautus M. Acius. Comaediae XX. Amsterodami, 1629, in 16; perg.
4. Sofocle. Tragedie tradotte dal Bellotti. Firenze. Barbera 1872. in-32.
5. Galilei G. Scritti vari. — B. Cellini, vita. Firenze, Barbera 1864-83 2 vol. in 32: t.
6. Dante, Petrarca, Ariosto, Tasso. Firenze, Barbera 1858-70. 6 vol. in 32.
7. Terentius. Comoediae ex recentione Heintiana. Amstelaedami, H. Wetstenium: S. A. in 8; d. p.
8. Terentius. Comoediae. Lugduni, Gryphius. 1546, in-8; d. p.
9. Petri Criniti. Opera. Lugduni Gryphius. 1561, in 16; bas.
10. Taciti. Opera quae extant. ex recent. I. Lipsii. Lug. Bat. Elzevir. 1621 in 8; d. p.
11. Tasso. La Gerusalemme liberata. Genova, Pavoni 1604, in-8, avec gravures en t. d.: parch.
12. Lot de 7 comédies anciennes, in-12. — Gli astuti. Gli inganni. La pazzia. Lo schiavetto, ecc.
13. T. Tasso. Aminta. Favola boschereccia. Londra, 1780 in-12, avec belles vignettes par John Lapi; d. p.
14. Freschot. La nobiltà veneta. Venetia 1707. in-12 avec armoiries: d. p.
15. Diderot. Oeuvres de théatre. Amsterdam 1759. 2 vol. in-12: d. p.
16. Segur. Oeuvres. Milano, 1824, 38 t. en 14 vol.; d. p.
17. Menestrier p. F. C. La nouvelle méthode raisonnée du blason avec tables contenant un grand nombre de blasons. Lyon 1718 in-12; d. p.
18. Lot de 13 manuels Hoepli.
19. Aristofane. Le commedie tradotte da Bart. Pietro Rositini. Venezia, Valgrisi. 1545 in 8; d. p.
20. Hamel. Manuel du facteur d'orgues. 3 t. en 2 vol. in-12.
21. La Fontaine. Contes. Paris 1803; 2 p. en 1 vol. in-12; bas.
22. Varronis; de lingua latina, Gasp. Scioppius recensuit. Ingolstadii 1615 in-8 avec portrait de Scippius et envoi autogr. du même sur le titre: parch.
23. Quintilianus, opera. Florentiae, Juncta 1515, in-8; parch.
24. Varchi B. Le lezioni. Fiorenza, 1560. 2 p. en 1 vol. in-8; d. p.
25. Biblioteca rara edita dal Daelli. Milano, 25 vol. in-16.

26. Tiraboschi. Storia della letteratura italiana. Milano, Fontana, 1825-36. 32 t. en 16 vol. in-16; d. p.

27. Strada L. De bello belgico. Romae, 1637'50, 2 vol. in-16; parch.

28. Parrino. Governi dei viceré di Napoli. Napoli, 1692, 2 vol. in-16 avec planches et portraits; parch.

29. Mario Equicola. Libro di natura d'amore. Venezia, Sabbio, 1526 in-8 tr. dor.; d. p.

30. Macrobius, Quintilianus, Aulus Gellius, opera. Lugduni Griphius, 1538, 1846-49; 3 vol. in-8; parch.

31. Manutius Aldus: Ortografia. Manutius Paulus, Epistolae. Clenardus Nic. Institutiones linguae graecae. Venetiis, Aldus. 1566-80. 3 vol. in-8 parch.

32. Vasari. Vite degli artefici. Milano 1829, 18 t. en 6 vol. in-12; d. p.

33. Un million de faits; aide-mémoire universel. Paris 1843 in-8 fig.; d. p.

34. Teatro scelto spagnolo trad. da G. La Cecilia. Torino 1857-59. 8 t. en 4 vol. in-12. d. p.

35. Burnouf. Metodo per lo studio della lingua greca e latina. Firenze 1862-67. 3 vol. in-8.

36. Bettinelli. Del risorgimento d'Italia negli studi, nelle arti e ne' costumi. Milano 1819 2 vol. in 8; d. p.

37. Bibliothèque des merveilles (Minéraux, art naval, insects, naufrages, jardins, ecc.) Paris Hachette 1868. 9 vol. en 18 fig.

38. Ambiveri L. Gli artisti piacentini. Piacenza 1879 in-16, d. parch.

39. Alfieri V. Vita scritta da sè stesso. Londra 1807. 2 vol. en 1 in-8; d. p.

40. Bianchi Giovini. Biografia di Fra P. Sarpi. Basilea 1847 in-8. d. p.

41. C. Cantù. Ezelino da Romano. Milano 1854. in-8. L'abate Parini. Mil. 1854. en 1 vol. in-8. d. p.

42. Shakspeare. Teatro completo voltato in prosa da Carlo Rusconi. Torino 1852 7 vol. in-16.

43. Goethe. Théatre Traduction par X Marmier. Le Faust traduction complète par H. Blase. Paris 1845-47. 2 vol. in-18.

44. Blanc L. Histoire de dix ans. Lausanne 1850 5 vol. in 12. d. p.

45. C. Cantù. Storia della letteratura latina ed Italiana. Firenze Lemonnier. 1864-65. 2 vol. in-8.

46. Maffei. Storia della letteratura italiana. Milano 1831. 4 vol. in-12.

47. Locatelli. Illustri Bergamaschi. Bergamo. 1867-79. 3 vol. in-8.

48. Baretti G. Scritti scelti. Milano 1822. 2 vol. in-8. d. p.

49. Pignotti. Storia della Toscana. Capolago 1843. 5 vol in-16.

50. Raynal. Histoire philosophique et politique des établissements et du commerce des européens dans les deux Indes. Neuchatel 1783, 10 vol. Revolution de l'Amérique. Londres 1781. En tout 11 vol. in-8 avec portraits, figures, et tables.

51. Voltaire. Annales de l'empire depuis Charle Magne jusque à nos jours. Londre 1780. 2 vol. en 1 in-8. d. p.

52. P. Giovio. Dialogo delle imprese militari ed amorose. Lione 1574 in-8 fig. perg.

53. Janin. Histoire della littérature dramatique. Paris. 1853. 4 t. en 2 vol. in-18. d. p.

54. Leti. Vita di Cesare Borgia. — Bonnet. Vita di Olimpia Morato. Milano 1854. 2 t. en 1 vol. d. p.

55. Gourdon de Genouillac. Grammaire héraldique et dictionnaire; hist. des ordres de chevalerie. Paris 1860. 2 vol. in-8 fig. d. p.

56. Pecchio. Storia critica della poesia inglese. Lugano 1825. 4 vol. in 12.

57. Schlegel. Corso di letteratura drammatica. Milano 1817. 3 vol. in 12 d. p.

58. Thaly Kalman; Bottyan Janos, Rakoczi Tar., Elegyes Talok, Tortenelmi Kalaszok, Szazadok. Pest, 1862-68, 6 vol. in-8.

59. Ugolini Filippo. Storia de' conti e duchi d'Urbino. Firenze 1859. 2 vol. en 1 in-16 d. p.

60. Lainé. Archives généalogiques et historiques de la Noblesse de France. Paris 1828-31. 4 vol. in-8 avec armoiries.

61. Asioli. Primi elementi di musica. — Picchiante. Principi della musica. — Sacchi. Delle quinte successive nel contrappunto. 2 vol. in-8. d. p.

62. Camerini. I precursori del Goldoni, Mil. 1872. — Spincili. Bibliografia Goldoniana, Milano 1881. 2 vol. in-16.

63. Marazzi. Teatro scelto Indiano tradotto dal sanscrito. — Paglicci. Teatri e spettacoli de' popoli orientali. Milano 1871-87. 3 vol. in-16.

64. Dante. La Divina Commedia. — Petrarca. Rime. Firenze, Lemonnier 1819. 2 vol.

65. Ammirato Scipione. Istorie fiorentine annotate da Scarabelli. Torino 1853. 7 t. en 3 vol. in-16; d. p.

66. Manzoni. I Promessi Sposi. Milano 1825. 3 vol. in-16; d. p.

67. Biographie des hommes vivants. Paris 1816. 5 vol. in-8; d. p.

68. Engel. Lettere intorno alla mimica. Milano 2 t. in 1 vol. fig.

69. Tenman. Storia della filosofia. Pavia 1832. 3 vol. in-8; d. p. — Ferrari. La mente di G. B. Vico. — Damiron. Logique. En tout 5 vol. in-8.

70. Guicciardini F. La istoria d'Italia. Venetia, Bevilacqua, 1563. 1 vol. in 1 avec portrait.

71. Goldoni C. Scelte Commedie. Padova 1811-17. 12 vol. in-16 avec portrait; d. p.

72. Goethe. Oeuvres dramatiques traduites de l'allemand. Paris 1825. 1 vol. in-12. d. p.

73. Ritorni. Vita e opere coreodrammatiche di Salvatore Viganò. Milano 1838 in-8 avec portrait.

74. Poeti italiani contemporanei. Parigi 1843 gros volume in-8.

75. Fontaine P. I. Manuel de l'amateur des autographes. Paris 1836 in-8; d. p.

76. Ferrario. Storia e descrizione dei principali teatri antichi e moderni. Milano 1830 in-8 avec tables; d. p.

77. Alfieri. Maffei, Monti, Manzoni, Nicolini, ecc. 16 tragédies. Firenze, Borghi 1832 gros vol. d. p.

78. Eschilo. Tragedie tradotte da Felice Bellotti. Milano, Classici, 1822. 2 vol. in-8; d. p.

79. Las Cases. Memoriale di S. Elena. Milano 1850. 2 vol. in-8 fig.

80. Raccolta di lirici e satirici italiani. Firenze, Borghi, 1835, gros vol. in-8 cart.

81. Orationi in materia civile e criminale tratte dagli storici greci e latini antichi e moderni per M. Remigio Fiorentino. Vinegia. Giolito, 1561. 1 vol.; parch.

82. Lissoni A. Frasologia italiana; II edizione. Milano 1835. 3 gros vol. in-8; d. p.

83. Straeten (Vander) Edm. Les musiciens néerlandais en Espagne du XII au XVIII siècle. Bruxelles 1885. 2 vol. in-8. — Les ménéstrels aux Pays-Bas du XIII au XVIII siècle. Bruxelles 1878; en tout 3 volumes in-8 avec portraits, figures et fac-similés.

84. Metastasio P. Tutte le opere. Firenze, Borghi, 1832, gros volume in-8. Cart.

85. Armeria antica e moderna di S. M. Carlo Alberto. Torino 1840, in-8, fig. d. p.

86. E. de Toulgoet. Noblesse; blason; ordres de chevalerie. Paris 1859, in 8 fig. d. p.

87. Boccaccio G. Decamerone corretto ed illustrato con note e un discorso storico di U. Foscolo. Milano 1849 in-8 avec portrait; d. p.

88. Bugati. Historia universale sino all'anno 1569. Venetia, Giolito, 1570, in-4. Aggiunta all'Istoria. Milano 1587 in-4.; 2 vol., cart.

89. Bertolotti D., Romani Felice. Poesie liriche. 2 t. en 1 vol. in-8; d. p.

90. Encyclopédiana: Recueil d'anecdotes anciennes, modernes et contemporaines. Paris 1843 1 vol. in-8; d. p.

91. Regno gesuitico del Paraguaj dimostrato coi documenti più classici dei medesimi padri della compagnia, ecc. con odio verso la Spagna. Lisbona 1770. 1 vol. in-8; d. p.

92. Guazzo M. Istorie di tutte le cose degne di memoria quai del anno 1524 sino a questo presente sono occorse nella Italia, Provenza, nella Franza ecc. Venetia 1530, in 4; parch.

93. Baldus P. Super feudis. Opus aureum utruisq. Juris. Lugduni, jac. Myt, 1522, in-4 à 2 colonnes, frontispice en bois avec vignettes; d. parch. La dernière page endommagée.

94. Bissa A. Gemme della lingua volgare et latina. Milano 1585 in-4.

95. Mariani. Il Plutarco italiano. Milano 1869. in-16.

96. Dizionario biografico delle donne illustri. Milano 1821. — Berlan. Le fanciulle celebri d'Italia antiche e moderne: 2 vol. in-8.

97. Insignia S. Caesareae M. Principum Electorum ac aliquot Illus. Nobilium Familiarum. Francof. ad Menum 1579, in-4 enrichi de belles vignettes sur bois.

98. Rich Ant. Dizionario delle antichità greche e romane. Traduit par R. Bonghi et G. Del Re. Mil. 1869. 2 t. en 1 vol. in 8 fig.; d. p.

99. Mionnet T. De la rareté et du prix des médailles romaines. Paris 1847. 2 vol. in-8. d. p. fig.

100. Giovio P. Le vite di dicenove Huomini Illustri. Venetia 1551. in-4; d. p.

101. Sansovino F. Origine e fatti delle famiglie illustri d'Italia. Venetia 1670. in-8; parch.

102. Barre Duparcq (de la). Histoire de François II. Paris 1867. in-8. avec protraits; d. p.

103. Barre Duparcq, (de la). Histoire de Charles IX. Paris 1867. in-8 avec portrait; d. p.

104. Tourtual. Forschungen Zur Reischs. und Kirchengeschichte des XII Jahr. Muenster 1866, in 8; d. p.

105. Muoni, Chapelet, Rebatel, Tirant, ecc. Memorie diverse sopra Tunisi. in 8. fig.; d. p.

106. Cantù C. Italiani Illustri. Milano 1873. 3 vol. in-8.

107. Biographie nouvelle générale pubbliée par M. Firmin Didot Frères. Paris, Didot. 1855-66. 46 tom. en 23 vol. in-8; d. p.

108. Statistica degli archivi della regione veneta. Venezia 1881. 4 vol. in-8.

109. Cantù Cesare. Corrispondenze di Diplomatici nella Repubblica e Regno d'Italia 1796-1814. Milano 1855. in-8.

110. Angelucci. Catalogo dell'armeria reale di Torino. Torino 1890. in-8 fig.

111. Euripide. Tragedie, recate in italiano da Bellotti Felice. Milano 1844. 4 vol. in-8.

112. Tasso. La Gerusalemme liberata. Mil. 1844. gros vol. in-8 avec vignettes sur bois par Sacchi.

113. Brunet. Manuel du libraire. Bruxelles 1838 5 vol. in-8; d. p.

114. Archivio di Stato in Venezia ed altre notizie sugli archivi veneti. Venizia 1856. ecc. 2 volumi; d. p.

115. Album de décorations d'ordres militaires et de costumes d'ordres religieux; 2 vol. in-8; planches en couleur.

116. Wahlen A. Ordres de chevalerie et marques d'honneur. Bruxelles 1844. in-8 avec 89 planches en couleur, de costumes et décorations; d. p.

117. Tettoni L. Le illustri alleanze della R. C. di Savoia.

118. Gamba B. Serie dei testi di lingua italiana. Venezia 1838. in-8; d. p.

119. Guicciardini. Storia d'Italia. Firenze Borghi 1836. gros vol. in-8 avec vignettes.

120. Bertolotti D. Istoria della R. Casa di Savoia. Mil. 1830 in-8; d. p.

121. Mazzoldi. Delle origini italiche. Mil. 1840 in-8; d. p.

122. Garzetti. Storia e condizioni d'Italia sotto gli Imperatori romani. Padova 1840 in-8.

123. Dizionario biografico universale; prima versione dal francese con molte aggiunte e correzioni. Firenze Passigli 1840. 5 vol. in 8 fig.; d. p.

124. Patercolo. Storia Romana. — Valerio Massimo, detti e fatti memorabili. Mil. 1826. 2 t. en 1 vol. in-8; d. p.

125. Botta C. Storia d'Italia. Milano 1843 6 vol. in-8. cart.

126. Giannone. Storia di Napoli. — Colletta. Storia del Reame di Napoli. Milano 1844-48. 6 vol. in-8.

127. Fasti legislativi parlamentari delle Rivoluzioni italiane nel secolo XIX raccolte per cura dell'Avv. Bollati E. dal 1800 al 1861. Mil. 1863. 3 gros vol. in-8.

128. De Gubernatis. Dictionnaire international des écrivains du jour. Florence 1888. 3 vol. in-4; d. parch.

129. Predari I. Enciclopedia economica. Napoli 1860. 2 vol. in-4 fig.; d. p.

130. Giustiniani. Historia generale della monarchia spagnola. Venezia 1671 gros vol. in-4 avec armoiries et arbres généalogiques.

131. Brusoni G. Della Historia d'Italia, libri 46. Torino, Zappata, 1680. In-fol.; d. parch.

132. Omero. Odissea, tradotta da I. Pindemonte. Mil. 1878. In-fol. fig.

133. Thiers A. Histoire de la Révolution française. Bruxelles 1844. 2 vol. in-4 avec vignettes; d. p.

134. Manara G. Storia dell'Ordine di Malta. Milano 1846, in-8 avec huit tables en couleur.

135. Crollalanza G. B. Giornale araldico-genealogico-diplomatico publ. dalla R. Accademia Araldica Italiana. Pisa 1872-82. 9 vol. in-8 avec armoiries.

136. Istituti scientifici, letterari. artistici di Milano. Milano 1880. in-8.

137. Componimenti per le faustissime nozze del Conte D. Stefano Sanvitale e la Principessa D. Luisa Gonzaga. Parma, Bodoni, 1787. avec portrait et une vignette de Raph. Morghen.

138. Ariosto. L' Orland furios, tradut in bulguès da Eraclit Manfred. Bulogna 1865, in-4.

139. Di Negro G. C. Sermoni sacri in terza rima. Genova 1825, in-4. avec portrait par Longhi; non rogné.

140. Gualdo Priorato. Vite et azzioni di personaggi militari e politici. Vienna 1671 in-fol. avec portraits et armoiries; bas.

141. Im-Hof. Jac. Wil. Historia Italiae et Hispaniae genealogica. Norimbergae 1701. in-fol. fig.; veau.

142. Gallant. Mille et une nuits. — Sue. Juif errant. — Romans illustrés. Paris 1849-50. 3 vol. in-fol. avec vignettes; d. p.

143. Molière. Oeuvres complètes. Paris 1850, in-fol. avec 140 vignettes, édit. par Labedollière; d. p.

144. Histoire complète de la guerre d'Italie. Paris 1850, in-fol. avec vignettes, cartes et portraits; d. p.

145. Les français en Italie (1721-1849). — Les Marins illustres. — Histoire des Montagnards. Paris 1851. 3 vol. in-fol. avec vignettes, cartes, etc.; d. p.

146. De Vecchi. Escursione lungo il teatro e la guerra attuale nelle regioni Caucasee. Milano 1854, in-4 fig.; d. p.

147. Genoux C. Histoire du Piémont. Paris in-fol. avec vignettes et cartes d. p.

148. Topographia provinciarum Austriacarum. Frankfurt am Mein 1656, gros vol. in-fol. avec grand nombre de planches accompagnées de la description.

149. Trivultius Theodorus. Breves et utiles de rebus et bonis, co. Io. Firmi IV Trivultii commentarii. Mediolani 1680. In-fol.; d. parch.

150. Bibliotheca historica Italica cura et studio societatis longobardicae. Mediol. 1876. 2 vol. in-fol.

151. Melzi d'Eril. Cenni storici sulle famiglie di Padova ecc. Padova 1842, in-4 avec planches et blasons; d. p.

152. L. Passerini. Gli Alberti di Firenze: genealogia. storia e documenti. Firenze 1870. 2 vol. int. avec cartes et blasons.

153. Magny (de) Marquis. Nouveau traité hist. et arch. de la vraie et parfaite science des armoiries. Paris 1845. In-4 avec planches d'armoiries en chromolyth. Belle reliure en maroquin aux armes de France; tr. dr.

154. Ginanni M. Ant. L'Arte del Blasone. Venezia 1756. In-fol. avec tables; d. p.

155. Chiusole Ant. La Genealogia delle case più illustri di tutto il mondo. Venezia 1743. In fol. non r. cart.

156. Adriani G. B. Monumenti storico-diplomatici e tavole genealogiche delle case Ferrero Ponziglione ed altre nobili subalpine. Torino 1858. Vol. 2. in-fol. avec portraits et armoiries; d. reliure en toile.

157. Crescenzi G. P. Anfiteatro Romano nel quale si rappresenta la nobiltà delle famiglie antiche e nuove della R. Città di Milano. Milano 1648, in-fol.; d. p.

158. Elenco de' Nobili Lombardi. Nobiltà delle provincie napoletane. Famiglie nobili di Bari. ecc. 8 vol. in-8 et in-4.

159. Généalogies de plusieurs familles italiennes: Bonaparte, Passerini, Derilli, Guadagni. Lancia di Brolo. Pecori. Oldofredi. Allighieri, Rasponi. Niccolini, Velluti, Altoviti, Ponti. Giovanelli. 11 vol. in 8. Pourront être divisés.

160. Lot d'opuscules et livres regardants spécialement la héraldique et l'art du blason.

II.

Milan; Lombardie; histoires d'Italie; guides;
mélange hist.-littér.

161. La Fontaine. Contes et nouvelles en vers. La Haye 1778. 2 vol. in-24, avec portrait.; t. d. bas.

162. Aesopi Phrygii fabulae. Lugduni Tornaesius 1541 in-16 gr. lat. avec vignettes en bois; d. p.

163. Herodiani. Historiae de imperio; Ang. Politiano interpr., Lugduni Gryph. 1551 in-16, t. d.; d. p.

164. Novi Testamenti omnia (graece). Basileae Valderus, 1550, gros vol. in-16; parch.

165. I sovrani del mondo opera genealogica fino al tempo presente. Venezia 1720. 3 vol. in-12 avec armoiries, parch.

166. Saavedra D. L'idea del prencipe politico christiano. Venetia, Pezza 1678, in-12 avec nombreuses vignettes (imprese); parch.

167. Helvetius. Oeuvres complètes. Paris 1793, in-12; d. p.

168. Petrarcha F. Chronica de Pontefici et imperatori romani. ecc. Vinegia, 1531, in-8; d. p.

169. Verri. Storia di Milano. Mil. 1849, 5 vol. in-16. fig. d. p.

170. Burigozzo. Cronica milanese dal 1500 al 1544. Cronologia storica di Milano e de' suoi arcivescovi. Mil. 1827, in-16; d. p.

171. Ginguené. Histoire littéraire d'Italie. Mil. 1820, 9 vol. in-16; d. p.

172. Plutarco. Alcuni opuscoli morali. Venetia, Comin da Trino, 1576, 2 p. en 1 vol. in-8.

173. Alciatus. Emblemata. Patavii, 1618, in-8 avec gracieuses emblèmes sur bois.

174. Tractatus pacis inter Hispaniam et Unitum Belgium ut et Germanicae; nec non instrumentum pacis. Lugd. Bat. Elzevir 1651, 3 p. en 1 vol. in-8, parch.

175. Espagnac (le Baron d'). Histoire de Maurice comte de Saxe. Paris, 1775, 2 vol. in-12, bas.

176. Samson P. A. Histoire de Guillaume roi d'Angleterre. d'Ecosse, de France, ecc. La Haye, 1701, 3 vol. in-12, avec portraits et cartes; bas.

177. Epistole di Plinio, Petrarca, Pico della Mirandola et altri eccellentissimi huomini. — Lod. Dolce. Osservationi nella volgar lingua. Venezia, Giolito. 1550, 2 vol. in-8, d. p.

178. Varro Terentius. De lingua latina. Romae, Bladus, 1557, in-8, t.; d. p.

179. Mascardi Ag. La congiura del conte Gio. Luigi de Fieschi. Mil. 1629 in-8. titre gravé: d. p.

180. Senofonte Efesio. Gli Efesiaci volgarizzati da Ant. M. Salvini. Parigi, Renouard, 1800, in-8, d. p.

181. Bossi. Storia della Spagna antica e moderna. Mil. 1821, 8 t. en 4 vol. in-12. fig.: d. p.

182. Novi Testamenti. vulgata quidem editio. Venetiis apud Petrum Schoeffer, 1541, in 8; d. p.

183. Dufresnoy (abbé). Tablettes chronologiques de l'histoire universelle jusqu'à l'an 1713. Paris. 1744. 2 vol. in-12, bas.

184. Verri. Storia di Milano con la continuazione del Custodi. Capolago, 1837, 4 t. en 2 vol. in-16; d. p.

185. Casti G. B. Gli animali parlanti. Poema Tartaro. London, 1811-12, 1 tom. en 2 vol. in-16, d. p.

186. Lattuada Servil. Descrizione di Milano. Mil. 1737, 5 vol. in-16 avec grand nombre de planchés en t. d.; d. p.

187. Catonis ac Varronis. De re rustica, a P. Victorio restit. cum explicationibus P. Victori in Platonem, Culumellam, etc. Lugduni Griphius 1541-42, en 1 vol. in-8; d. p.

188. De Voragine Jac. Sermones de Sanctis per anni circulum. Papiae. 1500) in-8 got. à 2 col. sur le frontespice une vignette sur bois; d. p.

189. Belgioioso C. Repubblicani e Sforzeschi (1447-50). Mil. 1864. 2 t. en 1 vol. in-8, d. p.

190. Fasti (I) della Chiesa Milanese. Mil. 1801. in 12, d. p.

191. Fino Alemanio. Storia di Crema raccolta dagli annali di M. P. Terni col proseguimento del Canobbio. Crema, 1811, 3 vol. in-16, d. p.

192. Gorrosio Gaspare. Il Ramayana di Valmicci. Mil. 1869, 3 vol. in-16.

193. Fabi M. Vite di G. G. de' Medici, Bart. Arese; vite degli Sforzesci e de' Visconti, ecc. Mil. 1853-54, 4 vol. in-16; cart.

194. De Castro G. La repubblica cisalpina. La dominazione di Napoleone. La caduta del regno italico. Milano, 1870-82, 3 vol. in-16.

195. Moriggi Paolo. La nobiltà di Milano col supplemento di Gir. Borsieri. Milan 1619, 2 p. en 1 vol. in-16, d. p.

196. Casati C. Nuove rivelazioni sui fatti di Milano del 1817-18. Mil. 1885. 2 vol in 16 fig.

197. Coronelli. Epitome cosmografica. Colonia 1693. in-8 avec cartes; parch.

198. Calvi F. Il castello Visconteo-Sforzesco nella storia di Milano dalla sua fondazione al dì 22 marzo 1818. Mil.. 1864, in-16.

199. Voltaire. Oeuvres diverses; La Henriade; La Pucelle: poëmes et épitres: siècle de Louis XIV et Louis XV; romans et contes, ecc. 11 vol. in-12. de différentes éditions.

200. Romussi. Milano e i suoi monumenti. Mil. 1875 in-16. fig.

201. Cantù C. Storia della città e diocesi di Como. Firenze Lemonnier 1856. 2. t. en 1 vol in-8; d. p.

202. Stazio. La Tebaide tradotta dal Card. Bentivoglio. Mil. 1821. in-8 avec portrait; d. p.

203. Robertson. G. Storia del regno dell'imp. Carlo V. Milano 1820. 3 vol. in-8 ; d. p.

204. Turpin et Le Febure. Zum Taschenbuche Worinnen die Zeichnungen Bewegung eines Heeres oder Corps. Berlin (17... in-8. ouvrage de stratégie militaire entièrement gravé avec 62 planches; bas.

205. Stampa. Notizie storiche intorno al comune di Gravedona. Mil. 1866 in-16.

206. Gianetti. Cenni sulle terme d'Acqui e sulla lebbra (con altri opuscoli termali. Torino 1811 in-8; d. p.

207. Memorie milanesi di autori diversi, sopra il dialetto, i costumi, chiese, edifici, piazze, torri, canali, storia, archivi, ecc. 22 gros opusc. in-8. en 6 vol.

208. Lot de 12 volumes regardant l'histoire de la ville de Milan. in-8. et en 16.

209. Lot de 21 volumes et opuscules d'histoire et guides historiques de plusieurs villes de la Lombardie: Belgirate. Bergamo. Busto Arsizio.

Carate, Castelgoffredo, Chiaravalle, Chiari, Cremona, Giussano, Lecco, Monza etc.

210. Lot pareil au précédent: Novale, Orta, Pavia et sa Chartreuse, Rivoli, Romano, Sermide (Bedriaco), Treviglio, Torno, Trezzo, Valdagno (Veneto), Valcuvia, Valtellina, Villa Anterio; 22 volumes et opuscules.

211. Coxe C. Storia della casa d'Austria Mil. 1824. 6 t. en 3 vol. in-8; d. p.

212. Sottile. Quadro della Valsesia. Varallo 1850 in-8; d. p.

213. Scaciga della Silva F. Storia di Val d'Ossola, Vigevano 1842. in-8; d. p.

214. De Vit Vincenzo. Memorie storiche di Borgomanero e del suo mandamento. Mil. 1859 in 8 fig.; d. p.

215. Bombonini F. Antiquario della diocesi di Milano. Mil. 1856. in-8; d. p.

216. Bianchetti. L'Ossola Inferiore. Torino 1878. 2 vol. in-16.

217. Sforza Benvenuti F. Storia di Crema. Mil. 1859. 2 vol. in-8; d. p.

218. Melzi d'Eril. Memorie, documenti e lettere inedite di Napoleone I. e Beauharnais. Milano 1865. 2 gros vol. in 8.

219. Almanacco reale pel 1810; Almanacco Imp. e R. 1817 e 1823; Manuale del R. Lomb.-Veneto, 1856. Milano, 4 vol. in-8; cartonn.

220. Giulini G. Memorie della città e campagna di Milano, nei bassi tempi. Mil. 1851 7 t. en 6 vol. in 16 avec portrait et grand nombre de planches reproduisant monuments, monnaies, etc.; d. p.

221. Gaspari D. Memorie storiche di Serrasanquirico, nella Marca d'Ancona, Roma 1883 in 8 avec une planche.

222. Raffaelli, Vitali, De Minicis ed altri. Memorie storiche sopra Fermo, Cingoli, Grottazzolina, Montappone e Montottone. Fermo 1860-64 2 vol. in-8; d. p.

223. Lupi Cl. Relazioni fra la Repub. di Firenze e i conti di Savoia. — Pauli C. Signoria del Duca di Firenze. Firenze 1862. in-8; d. p.

224. Memorie storiche sopra Bologna e Ferrara. 3 opusc. en 1 vol. in-8; d. p.

225. Pasolini. P. Des. Antiche relazioni tra Venezia e Ravenna. Firenze 1874 in-8.

226. Garoni. N. C. Guida storica economica ed artistica della città di Savona. Savona 1874 in-8.

227. Castelli. I guelfi e i gibellini in Bergamo, cronaca di Castello Castelli negli anni 1378-1407, e Cronaca anonima di Bergamo degli anni 1402-1484. Bergamo 1870 in-8.

228. Corio B. Storia di Milano riveduta da Egid. De Magri. Mil. 1855 vol. in 8 fig.; d. p.

229. Cantù I. Le vicende della Brianza e dei paesi circonvicini. Mil. 1853 2 t. en 1 vol. in-8 fig.; d. p.

230. Rota G. R. Il Comune di Chiari; memorie storiche e documenti. Brescia 1880 in-8.

231. Raccolta di cronisti e di documenti storici lombardi, pubblicati da G. Müller: (Cronaca di A. Grumello. Cronaca di Mantova. I due Bellentani da Salò. I congiurati bresciani nel 1512, ecc.) Mil. 1856 2 vol. in-8.

232. Galantino F. Storia di Soncino con documenti. Mil. 1869. 3 vol. in-8.

233. Brambilla L. Varese e il suo circondario. Varese 1874 2 vol. in-8.

234. Picinelli. ab. D. Fil. Ateneo de' letterati milanesi. Milano 1670 in-4. parch.

235. Racheli A. Memorie storiche di Sabbioneta, lib. IV. Casalmaggiore in-8; d. p.

236. Dozzio. Notizie dei Vimercate, Brivio e sue pievi. Milano 1853-58 en
1 vol. in-8; d. p.

237. Claretta G. Memorie di Giaveno, Coazze e Valgioie. Torino 1859 in-8
velin.

238. Zanchi Bertelli A. Storia di Ostiglia. Mantova 1841 in-8.

239. Rossi G. Storia della città e diocesi di Albenga. Albenga 1870 in-8; d. p.

240. Seletti avv. E. La città di Busseto capitale un tempo dello stato Pallavicino. Milano 1883. 3 vol. in-8 avec une carte et généalogies de
familles.

241. Lana G. Guida ad una gita entro la Vallesesia. Novara 1840 in-8
avec une carte.

242. Bianchi Bern; Mazzarosa A. Notizie varie sopra Lucca. Lucca 1877
en 1 vol. in-8; d. p.

243. Carminati M. Il circondario di Treviglio e i suoi comuni. Treviglio
in 8 fig.

244. Pasolini P. D. Caterina Sforza. Imola, Galeati 1893 3 gros vol. in-8
avec grand nombre de planches, ecc.

245. Calvi Fel. Bianca Maria Sforza Visconti e gli ambasciatori di Lodovico il Moro alla corte cesarea. Milano 1888 in 8 avec portrait.

246. Calvi G. L. Notizie sui principali artisti che fiorirono in Milano durante i Visconti e gli Sforza. Mil. 1859-65 2 p. en 1 vol. in-8; d. p.

247. Ferrario dott. G. Statistica medico-economica di Milano dal secolo XV
fino ai giorni nostri. Milano 1838-50. 2 vol. in-8 ; d. p.

248. Arrighi. Storia di Castiglione delle Stiviere. Mantova 1853. 2 vol. en
1 vol. in-8; d. p.

249. Casati C. Treviglio di Ghiara d'Adda e suo territorio. Memorie sto
rico-statistiche. Milano 1872 gros vol. in-8 avec cartes et planches.

250. Muoni D. L'antico stato di Romano di Lombardia. Milano 1871. in-8.

251. Beltrami Luca. Il castello di Milano sotto il dominio degli Sforza.
(MCCCL-MDXXXV). Milano 1885 in-8 avec planches et vignettes.

252. = Même ouvrage, auquel on a joint: La Rocca sforzesca di Soncino
con appendice; Aristotele da Bologna ecc. In-8; d. parch.

253. Del Mayno Luch. Vicende militari del castello di Milano dal 1706 al
1848. e cenni sulle sue trasformazioni di Luca Beltrami. Milano
(Hoepli) 1894 in-8 avec pl.; vel.

254. Predari. Bibliografia enciclopedica milanese. Mil. 1857. in-8; d. p.

255. Rotta P. Cronaca mensile di S. Vincenzo in Prato. — Robolotti. I
Cremonesi contro il Barbarossa. — Frassi. Il governo feudale, degli
abati di S. Ambrogio nella terra di Civenna: et autres opuscules
regardants la Lombardie. en 1 gros vol. in-8; d. parch.

256. Caimi A. Delle arti del disegno e degli artisti nelle province di Lombardia dal 1777 al 1862. Mil. 1862. in-8; d. p.

257. Storia e statistica economico-medica dell' ospedale maggiore di Cremona. Cremona 1851. in-8 avec pl: d. p.

258. Benvenuti Matteo. Milano com'era e qual'è. cenni storici. Mil. 1872.
vol. in-8; d. p.

259. Beretta. Vita, opere ed opinioni di G. Longhi. — Fra Paolo Bellen-
tano. — Bianca Capello (con appendice) et 4 nécrologies. 3 vol.
in-8; d. p.

260. Ritratti di cento capitani illustri intagliati da Alip. Capriolo e dati in
luce da F. Thomassino e G. Turpino. Roma 1600 in-4 avec portraits
gravés en t. d.; bas.

261. Vagliano G. G. Sommario delle vite ed azioni degli arcivescovi di

Milano da S. Barnaba sino al governo presente. Istoria sacra. Milano 1715 in-4. parch.

262. Priorato G. Gualdo. Relatione della città e stato di Milano sotto il governo dell'Ecc. Sig. D. Luigi de Guzman Ponze di Leone. Milano 1666. 2 p. en 1 vol. in-4; d. p.

263. Calvi Fel. Il patriziato milanese. Mil. 1875. in-8; d. p.

264. Torre C. Il ritratto di Milano diviso in tre libri. Milano 1674 in-4 avec planches.

265. Cavagna Sangiuliani. L'agro vogherese, memorie sparse di storia patria. Casorate Primo 1890, in-8.

266. Dell'Acqua C. Basilica di S. Michele. Comune e corpi santi di Pavia. Pavia 1876-77, in-8; avec vign.

267. Cantalupi. Sulla costruzione delle serre. Le strade di Milano e la loro pavimentazione. La fognatura di Milano. Il grandioso edificio costrutto sul fiume Ticino per la derivazione del canale Villoresi. La nuova Milano ecc. Milano 1884-88. Opusc. regardants la ville de Milan en 1 vol. in-8 avec cartes.

268. Atti della R. Accademia di Belle Arti in Milano. Milan 1872-89. 3 vol. in-16; d. p. et 5 vol. brochés. En tout 8 vol. in-8.

269. Cantù. C. Grande illustrazione del Lombardo Veneto. Milano 1860-61. 6 vol. in-8 avec portraits, planches et grand nombre de vignettes.

270. Muoni Damiano. Melzo e Gorgonzola e i loro dintorni. Milano 1866. in-8 avec le portrait de G. G. Serbelloni.

271. Pichler R. Il castello di Duino. Trento 1882. in-8 avec armoiries et tables généalogiques.

272. Cantù. Sulla storia lombarda del secolo XVII. Notizie storiche dell'Ospedale Maggiore di Milano. Milano 1843-57 en 1 vol. in-8; d. p.

273. Motta E. Bibliografia storica Ticinese. — Franc. Sforza e i bagni di Bormio, Panfilo Castaldi, Ant. Planella, P. Ugleimer, il vescovo d'Aleria. — I Sanseverino feudatari di Lugano e Balerna, ecc. Rivista degli statuti di Como 1879-86. 13 opusc. en 1 vol. in-8 avec tables généalogiques.

274. Brambilla C. Una epigrafe del secolo duodecimo esistente nel palazzo civico di Pavia. Rapporto economico statistico del quadriennio 1853-56 della provincia di Pavia; ecc. Pavia 1857-78 4 opusc. en 1 vol. in-8 avec cartes; d. p.

275. Sala Ant. Biografia e documenti di S. Carlo Borromeo. Mil. 1858 4 t. en 3 vol. in-8; d. p.

276. Forcella. Iscrizioni nelle chiese e negli altri edifici di Milano. Vol. I, in-8.

277. Atti del quinto congresso storico italiano. Genova 1893, in-8.

278. Cavagna Sangiuliani A. Dell'abazzia di S. Alberto di Butrio e del monastero di S. Maria della Pietà detto del Rosario in Voghera. Milano 1865, in-8.

279. Ceruti P. Biografia Soncinate. Mil. 1834, in-8; d. p.

280. Fumagalli C. Il castello di Malpaga e le sue pitture. Milano 1893, in-8 avec pl. héliotyp.

281. Le grandi città del mondo illustrate. Milano 1882 5 t. en 1 gros vol. in-8 avec nombreuses vignettes; d. parch.

282. Giovio. Le vite dei Visconti tradotte da Lod. Domenichi Mil. 1645, petit in fol. avec portraits en t. d.; cart.

283. Mediolanensium statuta olim a jureconsulto Catelano Cotta scholüs illustrata et ab Ant. Bubeo annotationibus locupletata, adiecta statuta criminalia. Bergomi 1594 in 1 parch.

284. Melzi Lod. Somma Lombardo. Storia. descrizioni e illustrazioni Mil. 1889. in-4 avec planches, portraits, tables généalogiques, etc.

285. Sezione per la storia del risorgimento Nazionale (Commissione per Milano. Catalogo. 2 vol. in-8. Milano 1885 91.

286. Delle iscrizioni commemorative di fatti ed nomini illustri in Milano. — Norme. tariffe, regolamenti municipali. — Onoranze funebri fatte ad Ales. Manzoni. Vol. in-8 contenant plasieurs opusc.

287. Daverio Mich. Memorie sulla storia dell'ex ducato di Milano. risguardante il dominio dei Visconti. Mil 1834 in-4 non rogné. cart.

288. Bonanni F. Aquila (Abruzzo ulteriore). Numismatica. araldica, catasto, corografia. opere pie. ecc. 21 opusc. en 1 vol. in-8. Aquila 1877 1886. d. parch.

289. Muoni D. Elenco delle zecche d'Italia. La famiglia Sforza. I governatori di Milano. La zecca di Milano, ecc. Le tout en 1 vol. in-8 avec pl. et portraits, Mil. 1858-59; d. p.

290. Rosmini. Dell'Istoria intorno alle militari imprese e alla vita di G. Jacopo Triulzio. Milano 1815. 2 vol. in 4 avec tables de médailles; d. p.

291. Como e il suo territorio. — Cantù C. Occhiata alla storia di Como. — Cavagna. Torno. e le armi ivi sterrate nel marzo 1870 (avec pl.) — Viganò: Villa d'Este sur le lac de Como, (avec pl.) — Mantovani, Antico castello di Barzanò. — Pelus F. La chiesa di Castiglione, ecc. 12 opusc. en 1 vol. in-8.

292. Olivieri A. Serie cronol. de' consoli del comune di Genova. Genova. 1861, in-8.

293. Statati (gli) della Liguria. Genova 1878 in-8.

294. Atti della Società ligure di storia Patria. Genova 1858-65. in-8. (vol. I fasc. I. II. IV — vol. II parte II fasc. I. II. III — vol. III fasc. I).

295. Benaglio G. Relazione istorica del magistrato. ossia delle ducali entrate straordinarie nello stato di Milano. Mil. 1711 in fol. cart.

296. Spinelli A. G. Ricerche storiche di Sesto Calende. Milano 1880 in-4.

297. De Rosmini C. Istoria di Milano. Mil. 1820. 4 vol. in-4 avec planches; d. p.

298. Atti del municipio di Milano, annata 1885-86. Milano 1886. 2 gros vol. in-4.

299. Spano G. e Crespi V. Mnemosine sarda, ossia ricordi e memorie di vari monumenti antichi della Sardegna. Cagliari 1864. in-4 avec planches: d. p.

300. Annoni C. Monumenti della prima metà del secolo XI, spettanti all'Arcivescovo di Milano Ariberto da Intimiano. Milano 1872. in-4 avec planches en cromo-lith.

301. Sul credito della città di Milano per le spese per l'armata austriaca dal 18 marzo 1818 al 31 dicembre 1849. Mil. 1890, in fol.

302. Acta quoad exuviarum recognitionem solemnen S. S. Antonini mart. et Victoris episc. Placentiae die XV Augusti 1879. Placentiae 1880 in fol. avec 9. pl.

303. Atti e memorie della R. Deputazione di storia patria. Bologna 1862-70. 8 vol. in fol.

304. Salomoni A. Memorie storico-diplomatiche degli ambasciatori, delegati, ed altri che la città di Milano inviò a diversi suoi principi dal 1500 al 1796. Milano 1806 in fol. non rogné.

305. Cavatio C. Gér. (dei conti della Somalia). Allegiamenti dello stato di Milano per le imposte e loro ripartimenti. Mil. 1653, in fol.; d. p.

306. Documenti diplomatici tratti dagli archivi Milanesi e ordinati per cura di L. Osio. Mil. 1864. 3 vol. in fol. d. maroquin.

307. Massarani T. Grandi e piccole storie. Mil. 1876. — Folccri G. A. Legnano, canzone. — Massarani. Commemorazione di E. Camerini. Firenze 1877 avec 9 photogr. In fol. d. p.

308. Benvenuti M. Il duca di Ossuna o tre anni di pessimo governo. Pagine di storia milanese illustrate da G. Speluzzi. Mil. 1874 in fol. avec autogr. de B. Arese et du duc d'Ossuna.

309. Ordines excell. Senatus Mediolani ab anno 1490 ad annum 1639, collecti et scholiis ornati ab Ant. Stephano Garolo; ab anno 1639 usq. ad annum 1743, a Ioan. Petro Carlio. Mediol. 1743. in-fol. parch.

310. Mélange de feuilles imprimées et de manuscrits regardant spécialement les familles nobles et les propriétés héréditaires du patriciat milanais. Beau vol. in fol.; d. mar.

311. Mélange de pièces manuscrites et imprimées se rapportant aux archives de Milan et autres parts de l'Italie, et regardant leurs costitutions, pièces inedites, etc. 2 beaux vol. in-fol.; d. mar.

312. Memorie e documenti per la storia dell'università di Pavia e degli uomini più illustri che vi insegnarono. Pavia 1878, 2 vol. en 3 parties in-fol.

313. Bescherelle ainé. Dictionnaire universel de la langue française. Paris 1852, 2 gros vol. in fol.; d. p.

314. Muoni D. Famiglie notabili milanesi. — Cenni storici e genealogici raccolti da F. Bagatti Valsecchi, Fel. Calvi, Luigi Ag. Casati, D. Muoni, L. Pullé. Mil. 1875-1885, 4 tom. en 2 gros vol. in-fol.; d. parch. Pubblication illustrée par des armoiries coloriées, et en noir, vignettes, etc.

315. Muoni D. Cenni storico-genealogici sopra diverse famiglie milanesi. Milano 1881, in-fol. Edition avec armoiries coloriées, portraits, vignettes, etc.; d. parch.

316. Litta Biumi P. Famiglia Visconti di Milano. In-fol. avec 26 planches; d. mar.

317. Archivio storico lombardo. (Giornale della Società storico lombarda. Milano 1874 (anno I) al 1894 (anno XXI) in 8. Les premières 12 années reliées en volumes; d. mar.; le reste en brochure.

318. Benalius Jos. Elenchus familiarum in Mediolani dominio insignium. — Sito de Scotia Ioa. Vicecomitum Burgi Ratti marchionum genealogica monumenta. Mediol. 1711, 2 p. en 1 vol. in-4; d. p.

319. Canetta P. L'Ospedale Maggiore e i suoi benefattori avec 8 opusc. regardant Milan sanitaire.

320. Luoghi Pii e beneficenza in Milano. Lot de 3 vol. et 4 brochures.

321. Idem., idem. Lot de 4 vol. et 20 opusc.

322. Monografie novaresi. Novara 1877, in-16. — Valsecchi Alessandria della Paglia; statuti in-8. Compendio della storia di Verona.

323. Motta. Musici alla corte degli Sforza. Melzi. Cenni storici sul conservatorio di musica di Milano.

324. Manno L. Storia della Sardegna. Mil. 1835, 2 vol. in-16. — Tola P. Università degli studi di Sassari, in-8.

325. Intéressant lot d'ouvrages et opuscules regardant monuments, églises et l'histoire de Milan. 27 *pièces*.

326. Lot d'ouvrages et brochures regardant l'histoire de Cremona, Bergamo, Pavia, etc. *8 pièces*.

327. Lot de 9 guides et déscriptions de Milan.

328. Lot de guides et descriptions des musées, galeries, et monuments de
Milan. *20 pièces.*

329. Lot d'ouvrages et opuscules de sujets divers regardant la ville de
Milan.

330. Uboldo Ambr. Descrizione degli scudi e degli elmi da lui posseduti
con notizie storiche. Mil. 1839-41, p. en 1 vol. in-fol. avec 19
planches.

III.

Archéologie; Numismatique; éditions Elzévir;
mélange historico-littéraire.

331. Lipsius J. Commentarius ad annales C. Taciti. Lugduni Griphius
1598 in-16; t. d.; parch.

332. Voyage autour du monde de 1181 à nos jurs. Brux. 1813, 3 t. en 1
vol. in-32; d. p.

333. Respubblica Helvetiorum. Lug. Bat. Elzevir. 1628 in-16, parch.

334. De repubblica Venetorum Gasp. Contareni. Ibidem. 1628.

335. Respubblica et status regni Hungarici. Ibidem. 1634.

336. Respubblica Boiema. Ibidem. 1643; bas.

337. Svetonuis T. Vitae XII Caesarum. Ibidem 1650.

338. Lucannus A. Pharsalia. Ibidem. 1651.

339. Magnus Ausonius. Opera Iac. Tollius restituit. Amsterodami 1669.
Bladius. in-16 parch.

340. Silius Italicus. De secundo bello punico. Amsterodami Ianssonius 1628
in-16 parch.

341. C. Julii Caesaris. quae extant. Ibidem. 1649, parch.

342. Biderman Jac. Heroum, epistolae, epigrammata et Herodias. Antuerpiae ex off. Plantiniana in-16, parch.

343. Luciano. Le opere volgarizzate da G. Manzi. Capolago 1832. 6 t. en
3 vol. in-12; d. p.

344. Solerius Ans. De pileo, coeterisque capitis tegminibus tam sacris quam
profanis. — H. Bossii. De toga romana comment. Amstel. 1671 2 t.
en 1 vol. in-12 fig. parch.

345. Chapelle Cl. et Bachaumont Fr. Voyage, suivi du voyage de Pom-
pignan. Paris, an 4, in-12; orné de belles gravures; d. p.

346. Nicar. Nouveau manuel d'archéologie. Paris 1811. 3 vol. in-12 avec
atlas in-8; d. p.

347. Barthélémy. Numismatique ancienne, du moyen âge et moderne. Paris
1851. 2 vol. in-12 avec atlas in-8.

348. Giustiniano Bern., gentilhuomo vinitiano. Historia dell'origine di Vinegia e delle cose fatte da vinitiani, nuov. tradotta da Lod. Domenichi. Venetia 1545 in-8; d. p.

349. Origine di Venetia et antiquissime memorie de i barbari onde hebbe
principio Venetia. Venetia Marcolini 1558 in-8; d. p.

350. Scotti. Rarità delle medaglie antiche. Firenze 1809. — La scienza delle
medaglie antiche e moderne. Venezia 1728; 2 vol. in-16 fig.; d. p.

351. Almanac des Muses, 1875. in-12 avec portrait de Dorat, et chanson
en musique; d. p.

352. Lucanus Annaeus Pharsalia. Amstel. 1681 in-12; d. p.

353. Manuthius P. Antiquitatum romanarum liber de legibus. Venetiis
    Aldus. 1569; d. p.

354. Piranesi. Descrizione di Roma 1841 in-16 avec pl. et plan; d. p.

355. Guides de Paris, Nice, Venise, Bords du Rhin, Espagne, Portugal.
    5 vol. in-16.

356. Valerius Maximus. Dictorum factorumque memorabilium exempla. Lu-
    tetiae Rob. Stephanus 1515 in-8.

357. Giosefo Flavio. Delle guerre de' Giudei. Vinegia 1511 in-8; d. p.

358. Vertot. Histoire des révolutions de la République romaine. 2 vol.
    in-12; d. p.

359. Corniani G. B. I secoli della letteratura italiana. Torino 1854 8 t. en
    4 vol. in-16; d. p.

360. Betti Sal. L'illustre Italia. — Müller D. Illustri italiani di questo secolo.
    Torino 1853 2 t. en 1 vol. in-16: d. p.

361. Zollanelli C. Lettere apuane. Guida alle Alpi apuane. Firenze 1874-77
    2 vol. in-16 fig.

362. Plutarco. Le vite degli uomini illustri, versione italiana di G. Pompei
    con note. Firenze Passigli 1845 4 t. en 2 vol. in-16; d. p.

363. Itinéraire d'Italie. - Du pays Richard, Guide en France. - Joanne, Paris
    illustré. Paris Hachette 1859-63, 3 gros vol. in 16 richement illustrés.

364. Schoemann G. F. Antichità greche. Trad. dell'abbate R. Picherl, Fi-
    renze Lemonnier 1877, 3 vol. in-16.

365. Maineri. Il giardino d'Italia, peregrinazioni. Milano 1871 in-16.

366. Paris-Guide, par le principaux écrivains et artistes de la France.
    Lère partie: La science, l'art. Paris 1867, gros vol. in-16 avec nom-
    breuses vignettes et fac-similés de V. Hugo, Michelet, ecc., toile.

367. Bertolotti. Passeggiate nel Canavese. Ivrea 1874 in-16.

368. Lot de 11 guides et descriptions de galeries et musées de Venise, Paris,
    Turin, etc.

369. Ranieri Grassi. Descrizione storica e artistica di Pisa e de' suoi con-
    torni. Pisa 1836 2 t. en 1 vol. in-16 avec 22 pl.

370. Carli co. G. Rinaldo. Delle monete e della istituzione delle zecche
    d'Italia. Mil. 1785. 7 vol. in-8 ; d p.

371. Dupuis. Abrégé de l'origine de tous les cults. Paris, en 6, in-8; d. p.

372. Pothier. Confucius et Mencius. Les quatre livres traduits du chinois.
    Paris 1846 in-18: d. p.

373. Kasimirski. Le Koran, traduction nouvelle faite sur le texte arabe.
    Paris 1847, in 18; d. p.

374. Nuovo testamento tradotto da monsg. Ant. Martini. Firenze. Le
    Monnier, 1854, in-16: d. p.

375. Vaines (de) Dom. Dictionnaire raisonné de diplomatique. Paris 1774.
    2 t. in-12 avec nombreuses planches de caractères.

376. Lot de guides et descriptions: La S. S. Annunziata de Florence. Tre
    giorni a Trieste, guides de Parme, Ferrare, Padoue, Venise, Val-
    sesia, etc.

377. Tamburini. Opere diverse. 3 t. en 1 vol. in-16 avec portrait; d. p.

378. (Duel). Ravizza. Il suicidio e il duello. — Lorenzini. Il duello. —
    Eliero. Sul mezzo per bandire il duello dalla società. — Muoni. Il
    duello. 4 pièces en 1 beau vol. in-16: d. p.

379. Roselly de Lorgues. Crist. Colombo. Storia della sua vita e de' suoi
    viaggi sull'appoggio di documenti autentici raccolti in Ispagna e in
    Italia. Mil. 1857. 2 vol. in-16.

380. Roselly de Lorgues. Della morte anteriore all'uomo e del peccato originale. — Maret. Saggio sul panteismo nelle società moderne. Mil. 1842. 2 t. en 1 vol. in-16 ; d. p.

381. Roscoe. Vita e pontificato di Leone X. Trad. di L. Bossi. Mil. 1816. 12 t. en 6 vol. in-16 ; d. p.

382. Castiglioni. Mémoires géografiques et numismatiques sur la partie orientale de la Barbarie appelée *Afrikia* par les arabes. Mil. 1826, in-8.

383. Mantovani. Museo opitergino. Bergamo 1874, in-8 fig.

384. Schweitrer. Notizie peregrine di numismatica e di archeologia. De- cadi, IV. V. VI e appendice. Trieste 1859-61 en 1 vol. in-8 avec tables.

385. Volume contenent diverses pièces traitant de tapisserie, tapis, armes anciennes, verres, mosaïques, incrustations sur bois, ecc., in-16 avec tables.

386. Lazzari V. Le monete de'possedimenti veneziani. — Idem, zecche e monete degli Abruzzi. Venezia 1851-58. 2 t. en 1 vol. in-16 avec planches ; d. p.

387. Cattaneo. Lettera a D. Sestini sopra due medaglie grece del R. Ga- binetto di Milano, coll'articolo di Dumersan e difesa dell'autore. 1811. — Riva G. Sito di Roma. Padova 1838 avec 1 grande table ; d. p.

388. Renzi. Jeanne D'Arc, sa mission et son martyre. Paris 1857. — Crolla- lanza G. B. Origine e gesta di Giovanna d'Arco. Narni 1862, en 1 vol. in-8 avec pl.

389. Morbio. Catalogo ragionato di autografi e ritratti. — Kuntz. Secondo catalogo di oggetti di numismatica. — Marksfeld I. Vierzig Münzen der Normanden Hohenstaufen und Anjou in Sicilien und Neapel. Mailand 1859, in-8 ; d. p.

390. Spano G. Catalogo della raccolta archeologica sarda. Cagliari 1860-65. 2 t. en 1 vol. in-8 avec tables ; d. p.

391. Spano G. Memorie archeologiche diverse sulla Sardegna. 31 opusc. reliés en 2 gros vol. in-8; d. parch.

392. Caronni. Viaggio compendioso di un dilettante antiquario, col rag- guaglio di alcuni monumenti di antichità ed arte. Mil. 1805-06. 2 p. en 1 vol. in-8 avec pl.; d. p.

393. Paravey. Essai sur l'origine unique et hiéroglyphique des chiffres et des lettres de tous les peuples. — Champollion. Lettres sur les hiéro- glyphes phonétiques. Paris 1826 en 1 vol. in-8 avec pl.; d. p.

394. Akerman John. Numismatic illustrations of the narrative portion of the new Testament. London 1846, in-8 fig.

395. Vermiglioli G. B. Lezioni elementari di archeologia. Mil. 1821. 2 t. en 1 vol. in-8 ; d. p.

396. Weilenheim (Welzl von) L. Catalogue de la grande collection des monnaies et médailles (environ 45000 numéros) Vienne 1844-45. 3 vol. in-8 ; d. p.

397. Repossi L. Milano e la sua zecca. Torino 1877 in-8.

398. Cicognara co. Leopoldo. Memorie spettanti la storia della calcografia avec atlas grand in-fol. Prato, 1831, in-8 ; d. p.

399. Seletti. Confutazione di un'opera uscita dalla tipografia di S. Donnino nell'anno 1845 che ha per titolo: « Controversie archeologiche patrie ». Mil. 1847, in-8; d. p.

400. Sacchetti G. Coniazione monetaria e monete italiane del secolo XIX. Mil. 1873. in-8.

101. La Marmora Alf. Ferrero. Itinerario dell'isola di Sardegna, trad. con note dal Can. G. Spano. Cagliari 1868, fig. — Spano. Emendamenti ed aggiunte all'Itinerario. Cagliari 1874. Cenni biografici del co. Lamarmora, Cagliari 1864. 2 vol. in-8 avec portraits et figures.

102. Rossi G. Monete dei Grimaldi principi di Monaco. Oneglia 1868, in-8 avec 9 planches.

103. Vassalli L. I monumenti storici egizi. Il museo e gli scavi di antichità eseguiti per ordine di S. A. il Vicerè Ismail Pascià. Mil. 1867, in-8 : d. p.

104. Biondelli. La zecca e le monete di Milano. Iscrizioni e monumenti romani scoperti in Angera. Lettere inedite di G. A. Zanetti. Milano 1861-69 en 1 vol. in 8 fig.

105. Caire P. Monete, sigilli e medaglie novaresi. Memorie tre. Novara 1882, in-8 avec 19 planches.

106. Bazzi e Santoni. Vade-mecum del raccoglitore di monete italiane. Camerino 1886, in-8.

107. Orcurti. Catalogo illustrato de' monumenti egizi del R. Museo di Torino. Torino 1852-55. 2 p. en 1 vol. in-8 avec tables.

108. Biondelli ed altri. Sulle monete auree de Gori in Italia, ecc., en 1 vol. in-8 ; d. p.

109. Vallier. Le trésor des fins d'Annécy. — Numismatique Mérovingienne de Grenoble. — Fouilles archéologiques, etc. 6 opusc. en 1 vol. in-8 avec planches : d. p.

110. Kuntz C. Il museo Bottacin; catalogo, miscellanea numismatica. 3 opusc. en 1 vol. in-8 avec pl. ; d. p.

111. Kuntz C. Museo civico di antichità di Trieste. Monete inedite di Trieste e Trento. Monete ossidionali di Brescia. — Lambros. Monete inedite dei Gran Maestri di Rodi. Di una moneta turca coniata a Parma. En tout 12 opusc. en 1 vol. in-8 avec pl.; d. p.

112. Kuntz. Monete inedite o rare di zecche d'Italia. 5 opusc. in-8 avec pl.

113. Sambon Art. Monete del ducato napoletano. — I carlini e i cavalli di Ferdinando I d'Aragona. — Monnayage de Charles I d'Anjou. 4 opusc. in-8 avec pl.

114. Promis V. Monete di zecche italiane e memorie diverse. 8 op. avec pl. in-8.

115. Gnecchi F. Monete e medaglioni romani. 4 dissertations in-8 avec pl.

116. Reports of the proceedings of the Numismatic and Antiquarin Society of Philadelfia 1879-80-81-82-83-85-87-88-89-90-91. — 11 op. in-8. fig.

117. Bianchini Fr. La storia universale provata con monumenti e figurata con simboli degli antichi. Venezia 1825. 5 vol. in-8 avec portrait, cartes et planches ; d. p.

118. Mélange de 20 opuscules traitant études préhistoriques, par Castelfranco, Gozzadini, Sozzi-Vimercati, Pigorini, etc. en 2 vol. in-8 fig.

119. Morbio. Opere storico-numismatiche. Bologna 1870 avec tables, avec d'autres opusc. numismatiques; gros vol. in-8; d. parch.

120. Goltzius Hub. Thesaurus rei antiquariae huberrimus. Antuerpiae ex off. Plantiniana 1579, in 4; parch.

121. Davila E. C. Historia delle guerre civili di Francia con l'aggiunta. Venetia 1692; gros vol. in-4; d. p.

122. Raffaelli Fil. ed altri. Opuscoli archeologici e storici. 9 pièces en 1 vol. in 8 fig.; d. parch.

123. Mélange d'ouvrages sur l'archéologie par C. Belgioioso, G. Labus. G. Antonelli, G. B. De Rossi, P. Tonini, et autres. — 13 opusc. en 1 vol. in-8 avec pl.; d. parch.

424. Vannucci Atto. Storia dell'Italia antica. Mil. 1873-76. 4 gros vol. in-8 avec nombreuses fig.; cart.

425. Mélange de 21 opusc. en anglais d'archéologie et numismatique, par Phillips, Baker, Brinton, Hartshorne. Philadelphia, en 1 vol. in-8 avec pl.

426. Portioli Att. La zecca di Mantova, P. I et II; 1879 80, avec 2 pl. in-8.

427. Olivieri Ag. Monete e medaglie degli Spinola. Genova 1860, in-8, avec 22 pl. et 1 carte.

428. Monete, medaglie e sigilli dei Principi d'Oria. Genova 1869, in-8 avec 5 pl.

429. Toxiri Ag. Miniere, zecche e monete della Sardegna. Ancona 1881, in-8 avec pl.

430. Breton E. Athénes décrite et dessinée, suivie d'un voyage dans le Péloponnèse, et d'un essai sur Syracuse. Paris 1862, in-8 avec pl. et figures papier vergié.; d. p.

431. Pompeia. Décrito et dessinée suivie d'une notice sur Hercolanum. Paris 1855 in-8 avec cartes et fig.; d. p.

432. Vimercati-Sozzi. Sulla moneta della città di Bergamo nel secolo XIII. Bergamo 1842. in-8 avec tables; d. p. Dans le même volume sont reliés 5 opusc. du même auteur.

433. Tonini Pel. Topografia generale delle zecche italiane. Vita di suor Vincenza Tonini. Firenze 1869, in-8 avec pl.; d. p.

434. Promis Dom. Monete de' romani pontefici avanti il 1000. Torino 1858, in-8 avec 10 pl.; d. p.

435. Monete del Piemonte. Monete della zecca d'Asti. Monete de Paleologi. Torino 1852-58, en 1 vol. in-8 avec pl.; d. p.

436. Supplemento alle monete del Piemonte. Monete dei Radicati e dei Mazzetti en 1 vol. in-8 avec pl.; d. p.

437. Muoni D. Elenco delle zecche d'Italia. — Sepigl. Illustrazione di quattro monete pontificie ecc., in-8 avec pl.; d. p.

438. Mazzucchelli L. Il monetario del commercio. Mil. 1846 gros vol. in-8. Ouvrage entièrement litographié, reproduisant toutes les monnaies en cours avec leur poids.

439. Strozzi C. Periodico di numismatica e stragistica per la storia d'Italia. Firenze 1868-71. 6 t. en 3 vol. in-8 avec pl.; d. p.

440. Ercolano e Pompei. Raccolta generale di pitture, bronzi, mosaici ecc. finora scoperti con illustrazioni. Venezia 1811-15. 7 vol. gr. in-8 avec pl.: d. p.

441. Papadopoli Nic. Francesco Foscari. Enrico Dandolo e le sue monete. 2 opusc. in-8, fig.

442. Moneta Dalmatiae. Mil. 1889, in-8, fig.

443. Del Piccolo e Del Bianco. Monete inedite della zecca veneziana. 2 opusc. in-8, fig.

444. Origine della zecca veneta. Alcune notizie sui suoi intagliatori. Valore della moneta veneziana; 3 opusc. in-8, fig.

445. Monographies antiquaires. — Crespi Vincenzo. Anfiteatro romano in Cagliari: De monumento Attiliae Pontiliae. Olla cineraria di Cernusco Asinario. Gori, quattre fasc. dell'Archivio storico archeologico di Roma. 7 *pièces.*

446. Huit monographies archéologiques sur les Pélasges, les Grecs, l'orfèvrerie ancienne, la peinture, ecc.

447. Motta. Origine della zecca di Bellinzona 1503. Illustrazione della zecca di Milano nel secolo XVI. — Toxiri. Monete de' regnanti di Savoia in Sardegna ecc. 5 opusc. in-8, fig.

448. Six livraisons déparcillées de publications de numismatique.

449. Médailles modernes. Comandini. Medaglie italiane del 1888. — idem. Giordano Bruno. — Camozzi Vertova. Medaglie coniate in onore di Garibaldi. — Medagliere relativo la storia moderna d'Italia. *4 pièces* in-8, fig.

450. Ambrosoli. Ripostiglio di Lurate Abbiate. — Bertolotti. Di un curioso denaro di Pavia coniato a Milano. - Denaro di argento di Rodolfo di Borgogna. 3 op. in-8, fig.

451. Tini. Storia della moneta, e segnatamente italiana. Foligno 1885, in-8 avec 5 pl.

452. Poggi V. La gemma di Eutiche. Genova 1881, in-8 fig.

453. Bellini V. De monetis Italiae medii aevi. Ferrariae 1755. Bianconi C. Sovra un cammeo antico rappresentante Giove. Bologna 1818, en 1 vol. in-4. fig.

454. Brambilla. Moneta di Arduino re d'Italia; alcune annotazioni numismatiche; altre annot. numism. Pavia 1865-70, en 1 vol. in-8 avec pl.; d. parch.

455. San Quintino G. Lezioni archeologiche; iscrizione bilingue sopra una mummia egiziana. Medaglie imperiali alessandrine inedite. Nummi veteres acquisitis J. B. incisa. Antica colonia di Libarna. Marmi statuari adoperati in Italia. Medaglie dei Nomi egiziani. Cose antiche dissotterrate in Torino. In 1 vol in-4, fig.; d. p.

456. Antiquités étrusques grecques et romaines gravées per F. A. David avec leurs explications par D'Hancarville. Paris 1785-88. 6 vol in-4 avec grand nombre de planches.

457. Frisi A. F. Memorie della chiesa monzese con varie dissertazioni illustrate. Mil. 1774, in-4 avec pl.

458. Quaranta. Memoria intorno ad una losca iscrizione incisa nel cippo dissotterrato a Pompei nel 1851. Napoli 1851, in-4 avec pl.

459. Essai sur les hieroglyphes Weimar 1804, in-4 avec pl.; d. p.

460. Six volumes de dissertations en matière d'archéologie publiées vers la fin du XVIII siècle et pendant le 30 premières années du XIX siècle. In-8 et in-4, par Cavedoni, Borghesi, Mazzuchelli, Forcella, Ciampi, Strozzi, Campanari, San Quintino, Stratico, Gazzera, ecc.

461. Bellati Fr. Dissertazione sopra varie monete antiche inedite di Milano. Mil. 1775. In-4 fig.

462. Cavalieri Mich. Il museo Cavalieri e il municipio di Milano. Milano 1875, gros vol. in-4.

463. Atlas in fol. contenent 82 planches de monnaies de la collection Auboin.

464. Mainoni Stef. Descrizione di alcune monete Cufiche, con le osservazioni di C. O. Castiglioni. Nota di alcune medaglie e spiegazione di due rarissime medaglie Cufiche del med. museo. Labus; Ara antica scoperta in Hainburgo. Milano 1820 ecc., en 1 vol. in-4 avec pl.; d. p.

465. Caucic A. R. Bullettino di numismatica italiana. Firenze 1867-70, 4 années en 1 vol. in fol. avec planches. Complet; d. p.

466. Heidelof. Raccolta dei migliori ornamenti del medio evo e profili di architettura gotica e bizantina. Venezia 1862. 2 t. en 1 vol. in fol. avec un grand nombre de planches; d. p.

467. Vacani C. Storia delle campagne e degli assedi degli Italiani in Ispagna dal 1808 al 1813. Mil. 1823. 3 vol in fol. avec altas de cartes topographiques.

468. Clement (religieux de la congreg. de Saint Maure) L'art de vérifier les

dates des faits historiques, des chartes, des chroniques et anciens monuments. Paris 1770 in fol. non rogné; d. p.

169. Gironi Rob. Saggio intorno al teatro ed alla scultura de' greci. Mil. Ferrario 1822-25. En 1 vol. in fol. avec nombreuses planches en couleur; d. p.

170. Robolotti. Documenti storici letterari di Cremona. Cremona 1857 in-fol.; d. p.

171. Vannini G. Elementi di architettura civile. Firenze 1818 in fol. avec 66 pl.; d. p.

172. Cinagli A. Le monete dei Papi. Fermo 1818. In fol. avec pl.; d. p.

173. Ciaconius Alphonsus. Vitae et res gestae Pontificum romanorum et S. R. Eccl. Cardinalium. Romae 1630. 2 vol. Guarnacci M. Supplementum ad vitas Ciaconii Romae 1751. 2 vol. En tout 4 vol. in fol. avec portraits et armoiries, parch.

174. Bianchini G. Dei Gran Duchi della Toscana della R. C. de' Medici protettori delle lettere e delle belle arti. Venezia, Recurti 1741 grand in fol. avec superbes portraits et vignettes par Adr. Halnech.

175. Muratori L. A. Dissertationes: de Diplomatis et cartis antiquis dubiis aut falsis; de sigillis medii aevi; de moneta; de diversis pecuniae generibus. 4 dissertations réunies en 1 vol. in fol. fig.; d. p.

176. Triomphes (les) de Louis le Just, XIII du nom, roy de France avec les portraits des rois, princes et généraux d'armées, ensemble le plan des villes, siéges et battailes avec un abrégé de la vie de ce grand monarque. Le tout traduit en latin par le r. p. Nicolai. Ouvrage entrepris et finy par I. Valder. Paris Ant. Estiene 1694, in fol. orné d'un grand nombre de portraits, allégories, plans, cartes, etc.; d. p.

177. Moreri abé Louis. Le grand dictionnaire historique. Paris 1743-45. 8 vol. in-fol.; d. p.

178. Raffaelli. Sette dissertazioni di soggetto archeologico sopra statue ed altri monumenti esistenti nella villa Albani. Roma 1821 in-fol. avec pl.; d. p.

179. Tavole sinottiche delle pitture a fresco fatte eseguire dalla famiglia Alberti a S. Croce, S. Miniato, ecc. Firenze 1869 in-fol. avec pl.

480. Burusch. Atlas chronologique synchronique de l'histoire universelle. Paris 1844. grand in-fol.; d. p.

IV.

Biographie; Archéologie; Numismatique:

Editions du XV siècle;

Mélange histor.-littéraire, de droit sciences économiques, etc.

181. Sacco (Il) di Roma del 1527. Narrazione di contemporanei per cura di C. Milanesi. Firenze, Barbera, 1667, in 64.

182. Sant'Agostino. Le confessioni volgarizzate da E. Bindi. Imitazione di Cristo volg. da C. Guasti. Firenze, Barbera, 1864-66. 2 vol. in-64.

183. Articuli pacis unionis inter Anglos et federatos Belgas. Amstel. 1655. In-12.

484. Seneca. Dei benefizi. Trad. di Messer Benedetto Varchi.

485. Berni I. Orlando innamorato del Boiardo. Mil. 1830. 7 t. en 3 vol. in-16; d. p.

486. Claudianus Cl. poëtae celeberrimi opera. Lugd. Gryphius 1589, in-8.

487. Articoli tratti dal « *Caffè* ». Mil. 1829. 4 t. en 2 vol. in-16; d. p.

488. Cesare. I commentari. Trad. di Fr. Baldelli rivaduti e corretti. Vinegia, Giolito, 1572; in-8 avec cartes géographiques; parch.

489. Marsais (du). Essai sur les préjugés. Londres 1770. Fénélon. Abrégé de la vie du philosophe.

490. Cormenin [Timon]. Pamphlets; Feu! Feu!; Sur l'enseignement; Oui et non, ecc. — Bentham. Catéchisme de la réforme électorale. Paris 1839-50. 2 vol. in-16; d. p.

491. Giovio P. Vita di Don Ferrando Davalo march. di Pescara. Trad. da Lod. Domenichi. Firenze, Torrentino 1566, in-8; d. p.

492. Thucydide Ateniese. Gli otto libri delle guerre tradotti per Francesco di Soldo Strozzi. Venetia, Valgrisi, 1545, in-8; parch.

493. Polibio historico greco, tradotto per Lodov. Domenichi. Vinegia, Giolito, 1545, in-8; parch.

494. Beccaria (Cesare). Dei delitti e delle pene, edizione coi commenti del Voltaire, confutazioni ed altri opuscoli interessanti di vari autori. Bassano 1789. 4 t. en 2 vol. in-16; d. p.

495. Forteguerri N. Il Ricciardetto e le rime piacevoli. Italia 1819. 3 vol. avec 30 vignettes de J. Lapi; d. p.

496. Cousin V., Troplong et autres. Petits traités de philosophie. Bruxelles 1840. 5 vol. in-12.

497. Lamennais. Paroles d'un croyant. Amschaspands et Darvands. Paris et Bruxelles 1843-49. 2 vol. in-12.

498. Massa da Gallese Ant. Contra l'uso del duello. Venetia, Tramezino, 1555, in 8; d. p.

499. Agnoletti. Manuale del credenziere. Il cuciniere moderno. 2 vol. in-16; d. p.

500. Capitoli ed ordini della famosissima compagnia della Lesina alla quale si è rifatto il manico in trenta modi. Modena s. a. opusc. in-16.

501. Delille de Sales. De la philosophie de la nature. Londres 1778. 6 vol. in-12; bas.

502. Heineccius Jo. Gott. Antiquitatum romanarum syntagma. Venetiis 1764. 2 p. en 1 vol. in-12; d. p.

503. Filangeri. Scienza della legislazione col commento di B. Constant. Capolago 1834, 6 t. en 3 vol. in-12; d. p.

504. Bastiat F. Pièces diverses d'économie politique. Paris 1817-50, en 1 vol. in-12. — Cobden et la ligue. Bruxelles 1847, in-12. En tout 5 vol.: d. p.

505. Proudhon P. I. Qu'est la propriété?: deux mémoires; Les confessions d'un révolutionnaire et autres pièces. Paris 1818-50, 3 vol. in-12; d. p.

506. Galerie de portraits des hommes illustres qui ont parus depuis les Romains, etc. Paris 1769, in-12 non rogné; d. p.

507. Sarpi P. Istoria del Concilio di Trento con note, aggiuntevi scelte lettere inedite. Mendrisio 1835, 8 t. en 4 vol. in-16; d. p.

508. Jolivot. Médailles et monnaies de Monaco. Monaco 1885, in-8 fig.

509. Vantius Seb. Ariminensis. Tractatus de nullitatibus, processuum ac sententiarum, causarum patronis, etc., cum indice locupletiss. Venetiis Aldus 1554, in-8; parch.

510. Pfeffel. Abrégé chronologique de l'histoire du droit public d'Allemagne. Paris 1756, 2 vol. in-12: d. p.

511. Micali. L' Italia avanti il dominio dei Romani. Torino 1852, 2 t. en 1 vol. in-16 avec atlas grand in-fol. Firenze 1810; d. p.

512. Duller Ed. Storia del popolo tedesco. Torino 1853. — — Balbo. Storia d'Italia colla continuazione di Riccardo Moll. Losanna 1848. En tout 2 vol. in-16: d. p.

513. Lucrezio Caro. Della natura delle cose. Trad. da Alessandro Marchetti. Londra Pickar 1717. In-16 avec une gravure: d. p.

514. Blanc L. Pages d'histoire de la révolution de février de 1848. Bruxelles 1850, in-16.

515. Guizot. Cours d'histoire moderne; Washington; Monk: Études biographiques de la révolution d'Angleterre; histoires des origines du gouvernement représentatif., etc. Bruxelles 1846-51, 9 t. en 6 vol. in-12.

516. Ledru Roland. Histoire de la décadence de l'Angleterre. Bruxelles 1850. 2 t. en 1 vol. in-12; d. p.

517. Chevalier M. Cours d'économie politique (1841-43) — La monnaie. Bruxelles 1845-50, 3 vol. in-12; d. p.

518. Gérardin (de) E. Les 52: (livraisons IX, X, XI, XIII). Paris 1849, in-12; d. p. — Études politiques. — Journal d'un journaliste. Paris 1848-49, in-12: d. p. En tout 2 vol.

519. Cantù C. Storia dei cento anni. Firenze, Le Monnier 1852, 3 vol. — Compendio della storia universale. Milano 1874. En tout 4 vol. in-16.

520. Gerbinus G. G. Risorgimento della Grecia. Milano 1863, 3 vol. in-16.

521. Thiers. De la propriété. Le droit au travail, etc. Bruxelles 1849, 2 t. en 1 vol. in-12; d. p.

522. Byron. Poemi trad. da G. Niccolini. Milano 1842. 2 t. en 1 vol. in-16 avec figures; d. p.

523. Guerrazzi F. Battaglia di Benevento. Torino 1857: Assedio di Firenze. Parigi 1847: Scritti vari. Firenze, Le Monnier 1847, 3 vol. in-16.

524. Quinet E. Le génie des religions. — Leroux. D'une religion nationale: De la plutocratie. En tout 2 vol. in-16.

525. Mirabeau (comte de). Vie pubblique et privée. Paris 1798: Aux bataves sur le Stathouderat 1788. 2 t. en 1 vol. in 16; d. p.

526. Voltaire. Collection des lettres sur les miracles. Neuchatel 1765. L' A.. B., C., dialogue curieux traduit de l'anglais de M. Huet. Londres 1768, en 1 vol. in-12: d. p.

527. — La philosophie: histoire de Charles XII et histoire de la Russie sous Pierre le Grand; théatre. Paris 1843-48, 3 vol. in-12.

528. Mélange de pamphlets, memoirés, discours, rapports, constitutions. etc., sur la Révolution française. Paris 1793-95, 5 vol. in-16: d. p. Recueil de pièces interessantes et rares.

529. Rossi Pel. Traité de droit pénal. Bruxelles 1850. in-12.

530. Cavalleriis (de) I. B. Pontificum romanorum effigies collectae ac typis aeneis incisae. Rome 1585 in-8 avec 232 portraits de papes depuis St. Pierre jusqu'à Sixte V accompagnés de notes chronologiques; d. p.

531. De Curte Rochus. Tractatus de jurepatronato. Lugd. per Bened. Bonnyn 1541 pet. in-4 parch.

532. Reybaud L. Études sur les réformateurs ou socialistes modernes: Saint Simon, Ch. Fourier, etc. Bruxelles 1849. 2 t. en 1 vol. in-12: d. p.

533. Teotochi Isabella. Ritratti: terza edizione. Venezia Alvisopoli 1816, in-16 avec portraits: d. p.

534. Anti-dictionnaire philosophique pour servir de commentaire et de correctif au dictionnaire philosophique, etc. Avignon 1775, 2 vol. pet. in-8 ; d. p.

535. Bentham J. Traités de législation civile et pénale. Paris 1820, 3 vol. in-8 ; d. p. — Défence de l'usure. — Sophismes politiques et sophismes anarchiques. Bruxelles 1840, 2 vol. in-12 ; d. p. En tout 5 vol.

536. Malthus Tr. Essai sur le principe de population. Trad. de l'anglais par P. Prévost. Paris 1809, 3 vol. in-16 ; d. p.

537. Alfieri Vittorio. Il misogallo. Londra 1799 ; — Della tirannide. — C. Crispo Sallustio, tradotto. En 1 vol. in-16 : d. p.

538. Boileau Despréaux. Oeuvres complètes avec le commentaire histor. de Brosset. Paris 1829, 3 vol. in-12 ; d. p.

539. Gianni Fr. Bonaparte in Italia, poema. Milano 17.... In-8.

540. Davanzati B. Scisma d'Inghilterra. — Bembo, Mascheroni, Torti ed altri. Rime. Milano Classici 1807, etc., 3 vol. in-8 : d. p.

541. Affò Ireneo. Vita di Pier Luigi Farnese, primo duca di Parma. Milano 1821, in-12. Edition publiée par P. Litta Biumi avec 2 portraits ; d. p.

542. Plinius Secundus C. Liber illustrium virorum. Impressus Rome per Stephanum Planck 1492, in-4 avec taches d'eau.

543. Gosellini G. Vita di Don Ferrando Gonzaga. Pisa Capurro 1821, in-8.

544. Tourtual Florenz. Böhmens Antheil an den Kämpfen Kaiser Friedrich I in Italien. 1 p.; der Mailänderkrieg (1158-1159) Göttinghen 1865, in 8.

545. Benoist Eug. Guichardin historien et homme d'Etat italien au XVI siècle. Paris 1862, in-8.

546. Proceedings of the American Philosophical Society held at Philadelphia for promoting useful knowledge. Philadelphia 1878-93 (vol. XVIII-XXXI) en 10 livraisons, in-8, fig.

547. De Gerando (baron). Instituts du droit administratif français, 5 vol. in-8 : Le visiteur du peuple et perfectionnement moral. Bruxelles 1838, 3 vol. in-12. En tout 8 vol.; d. p.

548. Constant Benj. Cours de politique constitutionnelle. Paris 1836, 2 vol. in-8. — Mélanges de littérature et politique Louvain 1830, 2 t. en 1 vol. in-8. En tout 3 vol.; d. p.

549. Romagnosi G. D. Opere varie. Milano e Firenze 1825-50. 12 t. en 5 vol. in-8 avec portraits. — Ferrari. La mente di G. D. Romagnosi. Mil. 1835, in-8. En tout 6 vol.: d. p.

550. Lescure. Les autographes et le gout des autographes. Paris 1865, in-8 ; d. p.

551. Caimo Pompeo. Parallelo politico delle repubbliche antiche e moderne. Padova 1627. in-4, front. gravé : parch.

552. Gioberti V. Prolegomeni del primato morale e civile degli Italiani. Primato morale e civile degli italiani. Lugano 1846 e Milano 1848, 2 t. en 1 gros vol. in-8 ; d. p.

553. Gioia M. Del merito e delle ricompense. Lugano 1848. 2 vol. in-8 ; d. p.

554. — Filosofia della statistica. Mil. 1829, 4 vol. in-8 : d. p.

555. Catalog der Sammlung des Cavaliere Carlo Morbio : Italienischer Münzen aller Zeiten. München 1882. in-8, avec pl.

556. Pasolini Giuseppe. Memorie (1815-76) raccolte da suo figlio. Torino 1887, beau vol. in-8.

557. Ferraris A. Notices historiques et généalogiques de la famille I. et R. des princes de Gonzaga. Turin 1851. in-8 avec deux portraits : d. p.

558. Sabellico M. A. Le historie vinitiane, trad. da M. Lod. Dolce. Venezia
     1544, in-4 ; d. p.

559. Tredici canti del Floridoro di Mad. Moderata Fonte. Venetia Ram-
     pazzetti 1581, in 1 avec vignettes sur bois à chaque chapitre. Parch.

560. Toscanella. Dittionario volgare e latino con la lingua fiamminga
     spagnola ed altre. Venetia 1568, in-1; parch.

561. Virgilio. La Georgica trad. e commentata per Bern. Dagnello. Vi-
     negia 1545, in-1: parch.

562. Spinoza (de) Ben. Trattato teologico politico. Milano 1875, in-8. —
     Capefigue B. Storia filosofica degli Ebrei. Mantova 1844, in 8. En
     tout 2 vol.

563. Polidoro Virgilio. Degli inventori delle cose. Libri 8. trad. da M. Fr.
     Baldelli. Fiorenza. Giunti, 1587, in-1 ; d. p.

564. Tomasini Jac. Phil. Illustrium virorum elogia iconibus exornata. Pa-
     tavii 1630, in-4 avec portraits gravés en t. d. et armoiries, non r.:
     d. p.

565. De Sismondi S. Etudes sur l'économie politique. Etudes sur les con-
     stitutions des peuples libres. Bruxelles 1837-39. 3 t. en 1 gros vol.
     in-8: d. p.

566. Heeren. Manuale storico del sistema politico degli Stati d'Europa e
     delle loro colonie. Milano 1842. 3 t. en 1 vol. in-8; d. p.

567. Negri C. Del vario grado d'importanza degli stati odierni. Milano
     1841. in-8 ; d. p.

568. Catalogues des Musée Barth. Borghesi: Monnaies grecques, romaines,
     du moyen âge et médailles. Milan, Rome (Sambon) 1879-1881, 4 vol.
     dont deux reliés en un, avec pl.

569. Catalogue de collection Rossi: de Rome: monnaies italiennes. Rome
     1880, in-8 avec pl.

570. — des collections Amile. Ancona et Ant. Cantoni: monnaies ita-
     liennes; monnaies romaines, etc. 2 gros vol. in-8; avec pl.

571. — des collections Agujari. Remedi, Franchini: monnaies d'ateliers
     italiens. 3 vol. in-8: avec pl.

572. — des collections E. Hirsch, Merolli et Cavriani: monnaies anciennes
     et modernes et médailles. 3 vol. in-8.

573. — des collections Thomas Corsi et Amile. Ancona: médailles an-
     ciennes et modernes: monnaies. 2 vol. in-8.

574. Blanqui. P. Rossi, Buret, Ricardo. Cours d'économie politique. Bru-
     xelles 1835-43. 2 vol. in-8: d. p.

575. Louis Lucas P. Etude sur la venalité des charges et fonctions pu-
     bliques. Paris 1883. 2 gros vol. in-8.

576. Rosmini E. La legislazione e la giurisprudenza dei Teatri e dei di-
     ritti d'autori. Milano 1876. 2 gros vol. in-8.

577. Garzoni Thomaso. La piazza universale di tutte le professioni del
     mondo. Venezia, Somasco, 1588, gros vol. in-1 : d. p.

578. Imperiali Jo. Musaeum historicum et physicum. Venetiis apud Juntas
     1640. In-4 avec titre, portraits gravés en t. d.: d. parch.

579. Fontanini G. Della eloquenza italiana. Roma 1706. In-1 ; bas.

580. Damaschino Primo. La spada d'Orione stellata nel cielo di Marte.
     cioè il valor militare de'più celebri guerrieri de'nostri secoli illu-
     strato con elogi storici. Parte prima. Roma 1680, in-4 avec portraits,
     vignettes et culs-de-lampe, gravés en t. d.: d. p.

581. Giani G. B. Battaglia del Ticino tra Annibale e Scipione. Milano 1824,
     in-8 avec 10 pl.: d. p.

582. Ricotti R. Commemorazione de co. Fed. Sclopis. - Tettoni L. Vita ed opere di D. Promis. Torino 1874-78 en 1 vol. in-8; d. parch.

583. Biographies historiques: Facino Cane, Pietro II di Savoia detto il piccolo Carlomagno, Filippo senza terra, Galvano Lancia, Giovanni III di Portogallo, Ruggero I re di Sicilia, Sigism. Pand. Malatesta. En 1 vol. in-8 ; d. parch.

584. De Gubernatis A. Dizionario biografico degli scrittori contemporanei. Firenze, Le Monnier, 1879, gros vol. in-8 ; d. p.

585. Crasso Lorenzo. Elogii d'huomini letterati. Venetia, Combi, 1666, in-4 avec portraits gravés en t. d.; parch.

586. Quattro di poeti italiani con apposite prefazioni e commenti di P. Emiliani Giudici. Firenze 1845, grand in-8; d. p.

587. Lemene (de) Fr. Dio. Sonetti ed hinni consagrati al Vicedio Innocenzo XI P. O. M. Milano 1684. in-4 avec portrait et 9 gravures en t. d.

588. Erodoto Alicarnasseo. Delle imprese de' greci e de' barbari colla vita d'Omero. Trad. da G. C. Becelli. Verona 1733. 2 vol. in-4 avec armoiries de la maison d'Autriche et cartes: d. p.

589. Glorie de) degli incogniti overo gli huomini illustri dell'Accademia degli incogniti di Venetia. Venetia 1647. In-4 avec avant titre et portraits gravés en t. d.; d. p.

590. Moses E. Raccolta di vasi antichi, altari, patere, tripodi, candelabri, ecc. pubblicati in 170 tavole. Mil. 1821, in-4: d. p.

591. Catalogue de la collection Belfort: médailles romaines. Paris 1888. in-8 avec 6 pl.

592. — d'une collection de médailles grecques. Florence 1869, in-8 avec pl. et prix de vente.

593. Vies, mémoires et nécrologies de Leonardo da Vinci, Gerolamo Cardano, Gasparo Gozzi, Pietro Custodi, Dora d'Istria, Monsig. G. Fr. Bonomi, Giacomo Quarenghi, Galeazzo Maria Sforza, Alessandro Volta, etc. En 1 vol. in-8 avec portraits: d. parch.

594. — Bart. Platina, Gir. Vida, Ales. Manzoni, Tullio Dandolo, C. Belgioioso, Massimo d'Azeglio, Bernabò De Sanctis da Urbino, etc. En 1 vol. in-8 avec portraits: d. parch.

595. Gualdo Priorato co. Gal. Scena d'huomini illustri. Venezia 1659 in-4 avec portraits et armoiries gravés en t. d.: d. p.

596. Mélanges d'opuscules sur plafonds et sceaux du moyen âge, sur la table Osque de Agnone: pavé en faïence de la Basilique Pétronienne de Bologne, etc. En 1 vol. in-8; d. parch.

597. Cumberland dr. Rich. Traité philosophique des loix naturelles. Amsterdam, Mortier, 1744. in-4 avec avant-titre gravé: bas.

598. Vattel. Le droit des gens. Neuchatel 1777. 2 p. en 1 vol. in-4: d. p.

599. Say J. B. Cours complet d'économie politique pratique. Bruxelles 1843 grand in-8: d. p.

600. Gravina G. W. Opera. Venetiis 1758. 2 t. en 1 vol. in-4: d. p.

601. Olivieri A. e Maggiora-Vergano. Rivista numismatica antica e moderna. Asti 1865-66. 2 vol. in-8 avec pl. et plusieurs mémoires de Maggiora Vergano ; d. parch.

602. Ancona Amilcare. Cinq mémoires numismatiques et archéologiques. 1 vol. in-8 avec pl.: d. parch.

603. Mélange de mémoires sur les atéliers monétaires de l'Italie: Milan, Mantoue, Solferino, Sabbionetta, Bozzolo, Guastalla, Fabriano, Soragna, Sardegna, etc. En 1 vol. in-8 avec pl.: d. parch.

604. Gualdo Priorato co. Gal. Vite ed azioni di personaggi militari e politici. Vienna 1673, gros vol. in-fol avec portraits et armoiries en t. d.: parch.

605. Crasso Lorenzo. Elogii di Capitani illustri. Venezia. Combi, 1683, in-fol. avec portraits en t. d.: d. p.

606. Ovidius Naso. Aepistolae et in easdem Ant. Volsci commentaria. Mediolani, Scinzenzeler, 1525, in-fol. avec vignettes sur bois; d. p.

607. La famiglia Mantegazza e l'abbazia di Campo Morto. Cause criminali. En 1 vol. in 8: d. p.

608. Portraits de souverains de l'Europe et de l'Orient. 40 gravures en t. d. Paris (s. a.) chez P. Bertrand à la Pomme d'Or. In-fol.; bas.

609. De Minicis G. Numismatica Ascolana: o sia dichiarazione delle monete antiche di Ascoli nel Piceno. Fermo 1853. — Cronaca della città di Fermo di Antonio di Nicolò. Firenze 1870. En 1 vol. in-fol. avec planches; d. p.

610. Zincada P. Bio-Bibliografia generale italiana. Firenze 1887, in-4.

611. Millin Aubin Louis. Antiquités nationales, ou recueil de monuments pour servir à l'histoire de l'Empire français. Paris 1790. 5 vol. in-4 avec nombreuses planches dans le texte: d. p.

612. Sestini Dom. Descrizione di altre medaglie greche del Museo Fontana di Trieste. Parte III. Firenze 1829, in-4 avec pl.

613. Persius. Satyrae cum commentariis I. Brixiani. Brixia 1486, in-fol. parch.

614. Josephi Iudei Historici. Preclara opera. Parrhisii, 1519, gros vol. in-fol. avec titre renfermé dans un encadrement gravé en bois; bas.

615. Wiczay (a) Michael. Musei Hedervari numos antiquos graecos et latinos descripsit. Vindobonae 1814. 2 vol. in-4, avec planches: d. p.

616. Argelatus Phil. De Monetis Italiae variorum illustrium virorum dissertationes. Mediolani 1750. 4 vol. in-fol. avec figures dans le texte et planches: d. p.

617. Seyffarthi Gust. Rudimenta hieroglyphices. Lipsia 1526, in-4 avec 56 tables en lithogr.; non rogné: d. p.

618. Sauli Dom. Autobiografia. Torino 1877. In-8 papier vergé.

619. Venturi G. B. Memoria intorno alla vita e alle opere del capitano Franc. Marchi. Milano 1816, in-4, avec plans de forteresses; cart.

620. Matina Leo. Ducalis regiae Lararium sive: Ser. Reip. Venetae principum omnium icones usque ad. Ser. Joan. Pisaurum. Venetiis 1659, in fol. avec portraits en t. d.: d. p.

621. Alunno Fr. La fabrica del mondo. Vinegia 1546, in-fol. avec portrait sur le titre et 2 emblèmes typographiques.

622. Plutharcus Cheroneus. Ethica seu moralia opuscula universa quae e graeco in latinum conversa variis interpretibus. Parisiis 1514; in fol.: d. p.

623. Gioia M. Nuovo prospetto delle scienze economiche. Milano 1815-17 6 t. en 3 gros vol. in-4; d. p. Edition originale.

624. Ambrosoli Solone. Zecche italiane rappresentate nella sua raccolta. Como 1881, in-4 avec 8 pl. en photogr.

625. Fossati. Sulla architettura bizantina dal IV al XV e fino al XIX sec. — Cattaneo G. Descrizione di medaglie. — Quaglia G. Sepolcreti antichi in 11 comuni del circondario di Varese, etc. En 1 vol. in fol. avec pl.: d. parch.

626. Cattaneo Gaetano. Equejade, monumento antico di bronzo del Museo Nazionale Ungherese. Milano 1819. in fol. avec pl. — Serie crono-

logica dei Governatori di Milano dal 1535 al 1776, con istor. annotazioni di Fr. Bellati. Milano 1776, in fol. En un vol.; d. p.

627. Goltz Hub. Vivae omnium fere Imperatorum imagines a C. Iulio Caes.
usque ad Carolum V. Anturp. 1557 in fol. avec grandes gravures
en camailleu grisaille reproduisant les portraits des Empereurs;
d. p.

628. Schweitzer Feder. Serie delle monete e medaglie d'Aquileja e di
Venezia. Trieste 1848, 2 vol. en 1. in-4 avec nombreuses pl.: d. p.

629. Hayez Fr. Le mie memorie. Milano 10 febb. 1890. In fol. avec 27
planches en héliot.; cart. Edition hors de commerce.

630. Vite e ritratti di venticinque uomini illustri. Padova Tip. della Minerva 1823 in fol. avec portraits; d. p.

631. Tesauro co. Eman. Epitome del regno d'Italia sotto i barbari, con
le annotazioni dell'ab. Valeriano Castiglione. Torino 1664, in fol.
Titre gravé; portrait de l'auteur et nombreuses cartes et portraits
des rois; parch.

632. Pallastrelli B. La città d'Umbria nell'Appennino piacentino. Piac. 1864,
in-4 avec carte et photographies. — Biondelli; una tomba gallo-ita-
lica a Sesto Calende. — Bianconi G. Antico ponte romano sul Reno
lungo la strada Emilia. — Quaranta: Specchio etrusco e tazza di
creta dipinta. En 1 vol. in-4; d. p.

633. Sambon L. Recherches sur les monnaies de la presqu'ile italique.
Naples 1870. in-4 avec 24 pl.

634. Vite e ritratti di (sessanta) uomini illustri italiani. Padova 1812 e
Milano 1820. 2 vol. in fol. avec portraits; d. p.

635. Winckelman Gio. Monumenti antichi inediti, spiegati ed illustrati;
II ediz. Roma, Mordacchini 1821, 5 parties en 2 tomes avec grand
nombre de planches; le tout relié en 1 gr. vol. in fol.; non r.: d. p.

636. Menin ab. Lodovico. Il costume di tutti i tempi e di tutte le nazioni
descritto ed illustrato. Padova, coi tipi della Minerva 1834, 3 gros
vol. de texte et 3 d'atlas grand in fol.: d. mar. Splendide edition.

637. — Catalogues des collettions: Taggiasco. Miari, Borghesi, C. M. di Sassari et autres: monnaies anciennes et modernes, médailles, etc. 8 vol.
in-8.

638. — des collections: Zampieri. Pozzolini, Lippi et autres: 6 vol. in-8
avec les prix marqués.

639. Lot de catalogues de numismatique avec les prix marqués.

640. Lot de 11 opuscules d'archéologie et numismatique.

641. Lot de 60 volumes: orateurs sacrés. croyances religieuses, morale, etc.

642. Lot de 23 volumes et opusc. de philosophie.

643. Lot de 27 volumes sur la politique.

644. Lot de 9 vol.: Condillac. Traités des systèmes. Amsterd. 1771. —
Gouvernement, Londres 1776. — Soudre. Histoire du communisme.
— Harrington. Aforismi politici; — etc.

645. Lot de 17 volumes d'économie politique.

646. Lot de 24 volumes de matière legale et pénale.

647. Bettinelli. Pignotti. Savioli, Mascheroni, Bembo, Parini, Zoncada;
poesie diverse. 6 vol.

648. Lot de 60 vol. de poésies.

649. Lot de 23 contes et nouvelles.

650. Lot de 18 statuts différents et 18 vol. et opusc. sur les archives. En
tout 36 p.

651. Lot de 52 opuscules d'histoire italienne et étrangère.

652. Lot de 52 biographies pour la plus part d'illustres italiens.

653. Lot de 30 guides et descriptions de plusieurs villes de l'Italie et de l'étranger.

654. Lot de 17 vol. et opusc. de voyages, moeurs et usages.

655. Lot de 3 atlas et 8 cartes géographiques.

656. Lot de 24 brochures de bibliographie italienne et étrangère.

657. Lot d'ouvrages divers sur le théatre: littérature dramatique, musique, dance, etc. 69 vol. et opusc.

658. Lot d'environ, 900 comédies et *libretti* d'opera, bals, etc.

659. Lot de 12 vol.: agriculture et agronomie.

660. Lot de 80 vol. et opusc. de différente matière historico-littéraire.

V.

Numismatique; archéologie; médecine;

Sciences occultes; maçonnerie; anedoctique;

Mélange d'histoire, de littérature, d'art militaire, etc.

661. Péron. Oeuvres. choisies Genève 1877 in-24 avec portrait: d. p.

662. Saint-Réal (abbé de). Conjuration des espagnols contre Venise en 1618. Paris. 1781, in-24: d. p.

663. Guadagnoli Ant. Raccolta di poesie giocose. Colle 1842, in-12, exemplaire en papier bleu: d. p.

664. Longus. Les Amours pastorales de Daphnis et de Chloé, traduites du grec de Longus par Amyot. Paris, Didot l'an. VIII, in 18. avec figures, mar. tr. dor.

665. Lot d'Almanachs du XVIII siècle. Calendario e notiziario per la corte per il 1764, Napoli. — Almanacco di Milano per l'anno 1792. 2 vol. in-16.

666. Almanacco del Dottor Vesta Verde per gli anni 1809-15-24-37-39-41-1842 49-53. En tout 9 volumes in-32.

667. Lot de 23 almanachs divers politiques et notitiaires parmi lesquels «la Scuola di Minerva» 1803-16-54; Il Telegrafo italiano 1809; Cracas 1826 et 1840; L'operaio 1851; Gotha 1839-71-74. etc.

668. Moulth. Nat. Petit manuel du devin et du sorcier. Paris 1851. in-32 fig.; d. p.

669. L'Onéirocritie, ou l'art d'expliquer les songes. Paris 1859, in-32: d. p.

670. Nostradamus Mich. Prophéties dont il y en a trois cens qui n'ont jamais esté imprimées. Avignon 1815, in-24: d. p.

671. Deshoulières. (M.e et M.lle) Oeuvres. Nouvelle édition, Paris 747. 2 vol. in-12 avec portrait bas.

672. Grécourt (M. de). Contes et poésies diverses. A Berg-op-Zoom. 1750, 3 vol. in-12. veau.

673. Précis de l'histoire générale des Jesuites depuis la fondation de leur ordre le 7 septembre 1540 jusqu 1826 par A. J. B. Paris 1826 2 vol. — Michelet et Quinet. Dei Gesuiti; lezioni recitate nel collegio detto di Francia in Parigi. Parigi 1847. En tout 3 vol. in-12.

674. Enchiridion Leonis papae sereniss. imp. Carolo Magno in munus

pretiotum datum nuperrime mendis omnibus purgatum. Romae 1660, in-24 avec figures et simboles; veau.

675. (Lavater). Etrennes phisiognomoniques ou le Lavater historique Paris 1810. — Le Lavater des tempéraments et des constitutions. Bruxelles 1829; En 1 vol. in-12 fig.; d. p.

676. Dizionario infernale prima versione italiana di G. A. Valle, sulla terza edizione francese. Torino 18....; 2 vol. in-16; d. p.

677. Trismégiste J. Almanach-manuel de l'art de tirer les Cartes. Paris, in-16 fig. avec 78 tarots égyptiens renfermés dans un etui.

678. Lot de 3 manuels de récréations. In-12 fig.; d. p.

679. La Saint Bible: traduite sur les textes originaux. Cologne 1739, in 12 bas.

680. Lot de 3 petits traités sur la phrénologie. In-12 fig.; d. p.

681. Porta G. B. Dei miracoli e meravigliosi effetti dalla natura prodotti. Venetia 1618. in-8; d. p.

682. La vraie maçonnerie d'adoption, et suivie des cantiques dediés aux dames. Philadelphia 1787, in-12; d. p.

683. Bocacc. Contes. Traduction nouvelle par A. Sabatier de Castres. Paris 1801, 11 vol. in-8 avec gravures; bas.

684. Demerson J. L. Les mille récréations de société, ornée de plus de 100 figures. Bruxelles 1830. In-12; d. p.

685. Klotzius Christ. Ad. Historia nummorum contumeliosorum et satyricorum. Altenburgi 1765 in-12, fig.; d. p.

686. (Patin). La science des medailles. Nouv. edit. Paris, De Bure 1739, 2 vol. in-12, fig.; bas.

687. Castor Durante. Il tesoro della sanità. Venetia 1601, in-8; d. p.

688. Petit Petr. De Amazonibus dissertatio, qua an vere extiterint, necne variis ultro citroque conjecturiis et argumentis disputatur. Amstelod. 1687, in-16, fig.; parch.

689. Petrarca. Con l'Esposizione d'Alessandro Vellutello, etc. Venezia Comin da Trino 1547, in-8: bas.

690. Longo. Gli amori pastorali di Dafni e di Cloe di Longo Sofista, trad. da A. Caro. Crisopoli, tipi bodoniani, in 16, tr. dor.; d. rel.

691. Varano D. Alfonso. Opere poetiche. Parma Stamp. Reale 1789, 3 vol. in-12 non rogné; demi-rel.

692. Odoucet. Sciences des seignes ou médicine de l'esprit connue sous le nom d' « Art de tirer les cartes ». Paris s. a. in-12, fig.; d. p.

693. Essai sur la secte des Illuminées. Sans lieu 1790, in-12: d. p.

694. Melzi e Tosi. Bibliografia dei romanzi di cavalleria in verso e in prosa italiani. Milano Daelli 1865, in-16.

695. Della Porta. La fisonomia dell'uomo et la celeste. Venetia 1652, 2 vol. in-8, fig.; d. p.

696. Pereda P. P. Setabensis. In Mich. Io. Pascalis methodum curandi scholia exercentibus medicinam maxime utilia. Lugduni Junta 1588, in-8: parch.

697. Livre des admirable renfermant des propheties, des révélations, etc. Paris 1831, in-12: d. p.

698. Caillot Ant. Beautés naturelles et historiques des îles, des montagnes et des volcans. Paris 1822, in-12, fig.; d. p.

699. Humboldt (Alexander von). Cosmos: A sketch of a physical description of the Universe, translated from the german by E. C. Otté. London 1849, 5 vol. in-12; demi-rel.

700. Petit volume in-12. contenant des secrets, recettes, etc.; d. parch.

701. Rouget de Lisle S. Essais en vers et en prose. Paris 1796, in-12 avec portrait et une vignette; d, p.

702. Condorcet. Analisi ragionata delle principali sue opere. Milano 17..... 2 t. en 1 vol. in-12; d. p.

703. Dizionario delle ricreazioni di scienze fisiche e matematiche, trad. dal francese. Roma 1808, 14 t. en 7 vol. in-16 avec grand nombre de planches: d. p.

704. Ozanam. Récréations mathématiques et physiques. Amsterd. 1697, gros vol. in-8 avec grand nombre de gravures; d. p.

705. Balsamo Jos., dit le Comte de Cagliostro. Mémoire pour le comte de Cagliostro accusé contre M. le procureur général accusateur, etc. Milano 1786. — Balsamo. Le petit mystère de la destinée. Paris, fig. - Saint Felix Jules. Aventures de Cagliostro. Paris. En tout 3 vol. in-12.

706. Spinoza. Oeuvres. Trad. par Emile Saiset. Paris, 1842, 2 vol. in-18.

707. Teste. Manuel pratique du magnétisme animal. Paris 1846. — Potet (bar. de) Manuel de l'étudiant magnétiseur. Bruxelles 1850, etc., 3, vol. in-18.

708. Delaage H. Mystères du magnétisme: perfectionnement physique de la race humaine. Montgruel. Prodiges et merveilles de l'esprit humain sur l'influence magnétique. Paris 1850. En 1 vol. in-18; d. p.

709. Rusca P. Il maestro dei giuochi piacevoli ornato con figure in rame. Milano 1713, in-12; d. p.

710. Istituzione, riti e cerimonie dell'ordine de' Francs-maçons ossian liberi Muratori. Venezia 1785 in 16 avec planches: d. p.

711. De Castro G. Fratellanze segrete. Milano 1879, in-16.

712. La religion vengée. Poëme. Parma Bodoni 1795 — Epigrammi latini ibid. 1798 — Poesie di Callimaco ibid. 1798 — La cantica e il salmo XVIII. ibid. 1800. — En tout 4 vol. in-16.

713. Rosa Salv. Satire con le note e notizie sulla sua vita. Cosmopoli 17..... in-12: d. p.

714. Dorat. Recueil des Oeuvres. Paris Jorry 1767-80, 20 vol. in-8 avec gravures, tr. dor. bas.

715. Napoléon. Oeuvres choisies mises en ordre pas A. Pujol. Paris 1843, in-18.

716. Borace. Le petit neveu, ou contes nouveaux en vers. Genève 1796, in-16: d. p.

717. Gioia M. Dissertazione sul problema « Quale dei governi liberi meglio convenga alla felicità d'Italia » Milano anno I in-12. — Problema: « quali sono i mezzi più spediti, più efficaci, più economici per alleviare l'attuale miseria del popolo in Europa ». Milano 1817, 2 vol. in-16: d. p.

718. Maffei Andrea. Gemme straniere. Firenze. Le Monnier. — Gli adoratori del fuoco ed altre poesie tradotte: 4 pièces en 1 vol. in-16: d. parch.

719. Haym X. Fr. Biblioteca italiana ossia notizie dei libri rari italiani. Milano 1803, 4 t. en 2 vol. in-16: d. p.

720. Morelli A. Specimen universae rei nummariae antiquae. Lipsiae 1695 2 p. en 1 vol. in-8, fig.: d. p.

721. La Chapelle (Ab.) Ricerche e osservazioni storico-critiche intorno ai cosidetti « ventriloqui antichi e moderni ». Venezia 1791. in-8; d. p.

722. Rousseau J. J. Les pensées. Amsterdam 1782, 2 p. en 1 vol. — Emile. Petits chefs d'oeuvres. Paris 1818, 2 vol. En tout 3 vol. in-12: d. p.

723. Bembo P. Gli asolani. Venezia Aldo 1505, in-8; d. p. — Taches d'eau
à la marge inférieure. Exemplaire manquant des premières cartes
(*a i* — *a i i*); hauteur 192 mill., larg. 116 mill.

724. Biblie (la) enfin expliquée par plusieurs aumoniers de S. M. L. R. D. P.
Londres 1777, 2 vol. in-8; bas.

725. Pernetis A. G. Les fables égyptiennes et grecques dévoilées et réduites
au même principe. Paris 1786, 2 vol. in-12; non rognés, d. p.

726. Barère-Bertrand. Del pensar del governo repubblicano. Parigi anno
VI, in-8; d. p.

727. Ceremoniale del Conclave per l'elezione del Sommo Pontefice. Brescia.
In-8 avec une table.

728. Spurzheim M. D. Observations sur la phrénologie, ou la connaissance
de l'homme moral et intellectuel. Paris 1818, in 8.

729. Longone Enr. Memoria trascendentale. Milano 1880, in-16. Ed. de
luxe.

730. Ovide. Les oeuvres galantes et amoureuses; nouvelle edition. — A. Cy-
thère, au dépens du Loisir... 1771; 2 vol. in-8; bas.

731. Diderot. Histoire générale des dogmes et opinions philosophiques.
Londres 1769, 3 vol. in-8; basane.

732. Statuti generali della Franca-Massoneria in Italia (Milano) 5806, in-8.
— Raccolta di vari pezzi d'architettura presentati ad alcuni membri
della rispett∴ log∴ La Letizia Or∴ di Venezia 5807, en 1 vol. in-8;
d. p.

733. Terzaghi G. Cronaca del magnetismo animale. Milano 1853, 2 vol.
in-8 avec planches; d. p.

734. Mélanges d'opuscules divers d'histoire et de littérature, 3 vol. in-8;
d. p.

735. Jomini. Précis de l'art de la guerre. Paris 1855, 2 vol. in-8 avec
pl.: d. p.

736. Builetin de l'Académie Delphinale. T. VII, VIII, X et XI. Grenoble
1772-76, 4 vol. in-8.

737. Mell, Polanzani, Piccnardi; pièces diverses sur la Divine Comédie de
Dante Alighieri. En 1 vol. in-8: d. p.

738. Mariani. Delle sorprese in guerra. Milano 1866 avec 12 planches. —
La Barre Dupacq. Storia militare della Prussia avanti 1756. Milano
1868, 2 t. en 1 vol. in-8; d. p.

739. Tre (I) regni della natura. Milano 1852-59, 3 t. en 1 gros vol. in-8.
fig.; d. p.

740. Burrow E. J. Elementi di conchiologia linneana. Milano 1836, in-8
avec 28 pl.: d. p.

741. Lot de traités militaires sur l'artillerie, la tactique, la fortification, la
cavalerie, manoeuvres. 8 vol. la plus part reliés.

742. Torriani Leone. Del magnetismo animale ne' suoi rapporti colla fisica
e fisiologia moderna. Pavia 1846. Molossi P. Saggio della recente
opera « An introduction to phrenology » del sig. R. Machnisch. Milano 1838. En 1 vol. in 8 fig.; d. p.

743. Teste Alfr. Le magnétisme animal expliqué. Paris 1845, in-8; d. p.

744. Lancetti Vincenzo. Pseudonimia, ovvero tavole alfabetiche de' nomi
finti o supposti degli scrittori con la contrapposizione dai veri. Milano 1836, in-8: cart.

745. Vallardi Fr. Manuale del raccoglitore e negoziante di stampe. Milano
1843, in-8 avec planches: d. p.

746. Branca. Bibliografia storica di ogni nazione. Milano 1832, in-8: d. p.

717. Le Clerc Daniel. Histoire de la médicine. Amsterdam 1702. 3 p. en 1 vol. in-4 avec tables; parch.

748. Méthode facile pour dechiffrer un écrit quelquonque composé en caractères conventionels dans les langues, italienne, française, anglaise et latine. Florence 1835, in-8; cart.

749. Toscanella Oratio. Bellezze del *Furioso* di M. Lod. Ariosto con gli argomenti et allegorie. Venetia, Franceschi. 1571. In-4 avec vignettes sur bois; d. p.

750. Tomasini Jac. Phil. Denariis ac tabellis votivis liber singularis. Utini 1631, in 4 fig.; d. p.

751. Khevenhüller Fr. Ant. Regum veterum numismata anecdota aut perrara, notis illustrata. Viennae Austriae 17..., in 4 fig.; d. p.

752. Lot de 8 almanachs prophétiques, astrologiques et francs-maçons et de 11 pièces traitant du magnétisme, sciences occultes, etc.

753. Hostus. Historiae rei nummariae veteris scriptores aliquot insigniores. Lipsiae 1692. 3 vol. in-4 avec portrait.; parch.

754. Visconti (Ennio Quirino). Opere varie italiane e francesi, raccolte e pubbl. per cura del dott. G. Labus. Milano, Classici, 1827 et suiv. 19 vol. in-8, avec planches; d. veau, tête dor.

755. Afrique septentrionelle: Istoria degli stati di Algeri, Tunisi, Tripoli e Marocco. Londra 1754. — Brunialti, Machot, Muoni; publications diverses sur Tunis. En tout 4 vol. in-16.

756. Svizzera. Bollettino storico della Svizzera italiana. — Dandolo T. Il medio evo elvetico, in 8 fig. — Volpi. Sollevazione del Tirolo nel 1809. — Almanacco del popolo ticinese 1889-90, etc. — *6 pièces*.

757. Passano. I novellieri italiani in verso. Bologna 1868, in-8.

758. Vergers (des) Noël. Essai sur Marc Aurèle, d'après les monuments épigraphiques. Paris. Didot, 1860. in-8.

759. Galliani Ferd. Della moneta, libri V. Napoli 1780, in-4; d. rel.

760. Erizzo. Discorsi sopra le medaglie degli antichi. Vinegia, Varisco, 1559. In-fol., fig.; d. parch.

761. Hanthaler Chrys. Exercitationes faciles de nummis veterum pro tyronibus. Vindob. 1742-56. 6 p. en 2 vol. in-4 fig.; bas, rel. fatiguée.

762. Lot de cinq volumes de numismatique: I.ª parte del prontuario delle medaglie. Lione 1553 (taches d'eau). Utilità delle antiche medaglie, etc.

763. Cecchetti. La vita de'Veneziani fino al 1200. Relazioni dei consoli veneti nella Siria. etc.; 4 pièces en 1 vol. in-8; d. p.

764. Sala Arist. Scritti vari. Mondovi 1871, in-8.

765. Scevolini. Discorso nel quale con le autorità cosi de'Gentili, come de'Catolici si dimostra l'astrologia giudiziaria esser verissima e utilissima. Venetia 1565, in-4; d. p.

766. Atti dell'Academia fisico-medico-statistica di Milano. Anni I, II. III, IX. X, in fol. e dal 1856 al 1885, in-8. En tout 29 vol; d. p.

767. Carbone. Dizionario militare compilato e dedicato a S. M. Vittorio Emanuele II re d'Italia. Torino 1863. in-8; d. p.

768. Verati Lis. Storia, teoria e pratica del magnetismo animale ed altri temi relativi al medesimo. Firenze 1845; 4 t. in 2 gros vol in-8; d. p.

769. Vaillant J. Numismata imperatorum romanorum praestantiora a J. Caesare ad Thyramnos usque. Lutet. Paris 1694. 2 t. en 1 vol. in-4 fig. parch.

770. Targioni G. Lettera al dottore G. B. de Bassand. — Cocchi A. Del vitto

pitagorico. — Bertini G. Uso esterno ed interno del mercurio. — Pasquali. Lettera medica al suddetto Bertini. En 1 vol. in-4, cart.

771. Spanhemius E. Dissertatio de praestantia et usu numismatum antiquorum. Romae 1664, in-4.

772. Montecchi Gius. Scelta de' medaglioni più rari della biblioteca del card. Carpegna. Roma 1679, in-4 fig. cart.

773. Noris Enr. Annus et epochae Syromacedonum in vetustis urbium Syriae nummis praesertim mediceis expositae additis fastis consularibus. Lipsiae 1696, 2 p. en 1 gros vol. in-4 fig. veau

774. Pagnini. Epigrammi morali in-16. — Cicci Maria Luigia. Poesie in-16. Tansillo F. Il podere in-4. Éditions de Bodoni.

775. Patarol Laur. Opera omnia. Venetiis 1743. 2 vol in-4 fig. bas. avec armoiries.

776. Pinkerton John. Dissertations sur la rareté, les différents gradeurs et la contrefaction des médailles antiques. Dresde 1795 in-4, fig.

777. Agostini Ant. Discorsi sopra le medaglie ed altre anticaglie. Roma 1592, in-4 avec pl. parch.

778. Archivio della Società romana di Storia Patria. Roma 1877-78. (les 6 premieres livraisons).

779. Patin Ch. Thesaurus Maurocenus numismatum antiquorum et recentiorum. Venetiis 1683. — De numismate antiquo Augusti et Platonis. — Thesaurus ex suo museo. 3 vol. in-4 fig.; d. rel.

780. Giulianelli A. Memorie degli intagliatori moderni in pietre dure, gioie, dal secolo XV fino al secolo XVIII. In Livorno 1783, in-4 avec notes manuscrites. Les premières feuilles tachées.

781. Vallisneri Ant. Lezione accademica intorno all'origine delle fontane. Venezia 1726, in-4 avec portrait de l'auteur et planches: parch.

782. Occo. Impp. Romanorum numismata a Pompeo Magno ad Heraclium Antuerpiae ex off. Plantin 1579, in-4 : parch.

783. Strada (de) Iac. Epitome thesauri antiquitatum ex suo museo. Lugduni 1553, in-4 fig.; d. parch.

784. Prontuario delle medaglie dei più illustri uomini et donne. Lione Rovillio 1581, in-4 fig. taches d'eau.; parch.

785. Annuaire des deux mondes. 1850. Paris, gros vol. in-8 avec portrait.

786. Revue des deux mondes. Paris 1851-52, 4 gros vol. in-8; d. rel.

787. Indagini storiche, artistiche e bibliografiche sulla libreria visconteo-s.orzesca del Castello di Pavia (Parte I). Milano 1875, in-8.

788. Commines (de) Phil. Lettres et négotiations pubbliées avec un commentaire hist. et biog. par M. le baron Kervyn de Lettenhove. Bruxelles 1867, 2 t. en 1 vol. in-8; d. p.

789. Arte magica annichilata. Libri tre con appendice. Verona 1754. — Tartarotti Gir. Il congresso notturno delle Lammie. S'aggiungono due dissertazioni sopra l'arte magica. Rovereto 1749, 2 t. en 1 vol. in-4: d. p.

790. Leo Enr. Storia degli stati Italiani dalla caduta dell'impero romano fino al 1840. Firenze 1842. 2 vol. in-8; d. p.

791. Noveau Testament de N. S. Jésus Christ. Trad. sur l'original grec. (avec des remarques) par J. Le Clerc. Amst. 1703, 2 t. en 1 vol. in-4: avantitres et deux cartes gravées ; bas.

792. Fumagalli A. Istituzioni diplomatiche. Mil. 1802. 2 vol. in-4; d. p.

793. Biblioteca latina italiana, ossia raccolta di classici latini con versioni italiane e note. T. Livio; Corn. Tacito; Virgilio; Orazio; Lucrezio Caro; Fedro; Sallustio; G. Cesare; Corn. Nipote; Cicerone. Napoli 1857-66. 5. t. en 6 vol. grand in-8 à deux colonnes; d. p.

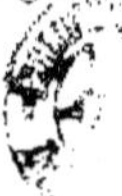

794. Lavater. La phisiognomonie. Trad. nouvelle par H. Bacharach. Paris 1841, in-4 avec atlas de 120 pl.; d. p.

795. Paciaudus P. Ad nummos consulares III viri Marci Antonii animadversiones philologicae. Romae 1757, in-4 fig.; veau.

796. Passeri Jo. B. De pueri etrusci aheneo simulacro in Museum Vaticanum inlato dissertatio. Romae 1771 in-4 fig.; cart.

797. Panelius Alex. De cistophoris. Lugduni 1734, in-4 fig.; cart.

798. Winkelmann (Giov.). Storia delle Arti del disegno presso gli Antichi. Milano 1779. 2 vol. in-8 fig.; demi rel.

799. Sardi Alex. Numinum heroum origines nunc primum in lucem editae praemisso de eiusdem Sardii vita commentario. Romae 1775, — Vitale Fr. Ant. In binas veteres inscriptiones L. Aurelii Commodi imperatoris aetate positas. Romae recens detectas dissertatio. Romae 1763. En 1 vol. in-4 fig.; d. p.

800. Oeselius. Thesaurus selectorum numismatum antiquorum. Amstelod. Beom. 1677, in-4 avec 118 planches; parch.

801. Haym N. I. Il tesoro britannico ovvero il museo nummario. Londra 1719-20. 2 vol. (parte Iª, vol. Iº e IIº) in-4 fig.; parch.

802. Dolce ab. Fr. M. Descrizione storica del museo di Cristiano Denh. Roma. Salomoni, 1772, in-4 avec portrait; d. parch.

803. Vaillant J. Numismata Impp. Romanorum praestantiora a Julio Caesare ad Postumum usque. Romae 1743. 3 vol. in-fol. fig.; parch.

804. Dizionario della lingua italiana compilato da P. Costa, Fr. Cardinali e Fr. Orioli, con appendice. Bologna 1819-26. 7 vol. in-4. d. p.

805. Bonaparte Nap. L. Etudes sur le passé et l'avenir de l'artillerie. Paris 1846-51. 2 t. en 1 vol. in-4 avec planches; d. p.

806. Ramus Christ. Catalogus numorum veterum graecorum et latinorum Musei regis Daniae. Hafniae 1816. 2 vol. in-4, non rogné; d. p.

807. Muratori L. A. Riflessioni sulle nuove scoperte per gli annali d'Italia, edite da P. A. Vitale. Napoli 1746, in-4 avec fig. de médailles; d. p.

808. Oelrichs J. Ch. Cabinet de médailles de l'Electorat de Brandebourg. Berlin 1778. in-4 fig.: bas.

809. Vaillant J. Seleucidarum imperium ad fidem numismatum accomodata. Hagae Comitum, 1732, in-fol. fig.; d. rel.

810. Vaillant J. Numismata imperatorum, Augustorum, et Caesarum a populis romanae dictionis graecae loquentibus. Amstel. 1700, in-fol. fig.; d. rel.

811. D' Ailly. Recherche sur la monnaie romaine depuis son origine jusqu'à la mort d'Auguste. Lyon 1864-66. 2 vol. (tome I. et première partie du tome II), in-4 avec 67 planches; cart.

812. Musei Theupoli Antiqua numismata olim collecta a Johan. Dominico Theupolo, aucta et edita a Laurentio et aliis. Venetiis 1736. 2 vol. in-fol. avec 2 cartes; d. parch.

813. Milani. Il ripostiglio della Venera, monete romane. Roma 1880, in-4 fig.

814. Lettere di Maria Margherita di Savoia a Margherita Langosco Busca, pubblicate da A. G. Spinelli. Milano 1885, in-8.

815. Vaillant J. Nummi antiqui familiarum romanarum perpetuis interpret. illustr. Amstel. 1703, in-fol. avec 152 planches; parch.

816. Agostini Ant. Dialoghi sopra le medaglie, inscrizioni ed altre antichità. Trad. da Dionigi Ott. Sada. Roma 1699. in-fol. fig.: d. p.

817. — Réimpression. Roma, 1736, in fol. fig.; parch.

818. Angeloni Fr. La historia augusta da G. Cesare insino a Costantino il

Magno illustr. con la verità delle antiche medaglie. Roma 1611 in-fol. fig.; parch.

819. Géographie ancienne et moderne. Padoue 1785-92. 6 vol. de texte et 2 vol. d'atlas. in-4. En tout 8 vol.; d. p.

820. Caryophilus Blasius. De antiquis fodinis opusculum. Viennae 1757, in-4, gr. papier; tr. dor.: peau.

821. Pedrusi p. Paolo. I Cesari in oro, in argento e in metallo. Parma 1684-1737. 10 vol. in-fol. avec grand nombre de planches; parch.

822. Patin Ch. Familiae romanae quae reperiuntur in antiquis numismatibus ab V. C. ad tempora Augusti, ex bibliotheca Fulvii Ursini. Romae 1577, in-fol, fig.; parch.

823. = Même ouvrage. Paris 1663, in fol. fig.; bas.

824. = Imperatorum romanorum numismata ex aere mediae et minimae formae descripta et enarrata. Argentinae 1671, in-fol. avec cartes et fig.: parch.

825. = Même ouvrage. Parisiis 1696, in-fol. fig. avec portrait et avant-titre gravés.

826. Goltz Hub. Fasti magistratuum et triumphorum romanorum ab urbe condita ad Augusti obitum. Brugis Flandr. 1571, in-fol. fig.; d. p.

827. Goltz Hub., Caesar Augustus sive, historiae imperator. Caesarumq romanorum ex antiquis numismatibus restitutae. Brugis Flandr. 1571-1574, 2 vol. in-fol. fig.; d. p.

828. Atlas in fol. de 58 planches de monnaies faisant partie de l'ouvrage de Franc. et Ercole Gnecchi. «Le monete di Milano». Milano 1884, toile.

829. Begerus L. Thesaurus Brandenburgicus selectus sive gemmarum et numismatum graecorum in cimeliarchio electorali Brandenburgico elegantiorum series. Coloniae Marchicae 1696, 3 vol. in-fol. fig.; parch.

830. Spanhemius Er. Dissertationes de praestantia et usu numismatum antiquorum. Editio nova. Londini 1706 et Amstel. 1717, 2 gros vol. in-fol. fig. avec portrait de Georges Auguste prince de Galles; parch.

831. Birago Franc. Mezzabarba. Imperatorum romanorum numismata a Pompeio ad Heraclium ab Ad. Occone olim congesta, nunc verò a mendis expurgata. Mediol. 1730 gros vol. in-fol. fig. avec portrait et avant-titre gravé par I. R. Zucchi; d. p.

832. Maffei Scipione. Verona illustra. Verona 1732, 1 p. en 1 gros vol. in-fol. fig.: parch.

833. Mazzoleni abbas Albertus. In numismata aerea selectiora maximi moduli e museo pisano olim Corrario animadversiones. Sancti Jacobi Pontidea 1741, 2 t. en 1 vol. in-fol.; parch.

834. Bible (la Sainte) qui contient le vieux et le nouveau Testament: edition nouvelle faite sur la version de Genève. Amsterdam Elzevir 1769: 2 gros vol. in-fol. max. avec cartes. — Exemplaire relié en basane sur bois, orn. dor: Sur le droit en lit le nom de PIERRE DE SHON MDCCII: au bas du dos: S. ET H. DESMARETS.

835. Gronovius Jacobus: Graevius J. G. Thesaurus graecarum et romanarum antiquitatum Venetiis, 1732. — Sallengre Alb. H. Novus thesaurus antiquitatum romanarum. Venetiis, 1735. — Polenus Jo. Utriusque thesauri antiquitatum romanarum graecarumque nova supplementa. Venetiis, 1737. — En tout 33 vol. in-fol.: basane.

836. Archivio storico italiano. Firenze Vieusseux. Ire série 1842-53, tomes 16 avec 9 tomes d'Appendice et Index, en 30 vol. in-8; demi-rel. — Nuova serie. 1855-63, 18 vol. in-8; demi-rel. (vol. 31 à 48). — Giornale storico degli Archivi toscani vol. 1 à 7, 1863 (vol. 19 à

55.. — 3.ᵉ Serie 1865-77. 27 vol. in-8 demi-rel. (vol. 56 à 81) avec
Indice generale de 1855 à 1872. En tout 82 vol. et 5 livr. des
années 1878-79.

837. Miscellanea di storia italiana edita per cura della R. Deputazione di
Storia Patria. Torino 1872-76 (Tomi I-XV) 1885-91 (Tomi XXIV-
XXXI). En tout 23 vol. in-8.

838. L'Investigateur, journal de l'Institut historique. Paris 1834-92 et les
cinq premières livraisons de 1893; 45 vol. in-8 et 11 livraisons; d. rel.

839. Lot de 10 traités d'anatomie, phisiologie, clinique, pathologie, etc. 12
vol. in-8 et in-12.

840. Lot de 11 volumes contenant des mémoires sur différentes branches
de la médicine et de la chirurgie ainsi que sur l'homéopatie. In-8.
La plus part en d. p.

841. Lot de 3 traités de chimie, de 3 formulaires pour hopitaux et 12
opuscules de spécialités médicales, (18 pièces).

842. Médecine homéopatique. Traités divers de Hahnemann, Mengozzi,
Bigel, Gueyrard. 6 vol. in-16 et 8.

843. Hygiène. 12 petits volumes de médecine pratique, pharmacie dome-
stique et hygiène.

844. Bazzi. Vittorio Amedeo II et Eugenio di Savoia. — Crollalanza. Storia
del contado di Chiavenna (1.er vol.) - Indice analitico di documenti
per servire alla storia di Cherasco dal secolo X al XVIII. 3 vol.
in-16.

845. Staël (Mad. de). Révolution française. — Féréal. I misteri dell'inquisi-
zione. — Segur. Histoire de Russie. — Thierry. Dix années d'études
historiques. — Compendio della storia d'Inghilterra e di Scozia.
11 vol. in-12 et in-16; d. p.

846. Lot de 21 volumes et opuscules ayant rapport à l'Indépendance de
l'Italie.

847. Segni. Storie fiorentine. — Malaspini Ricord. Istoria, vita e fatti di Bartolomeo Colleoni. — Dandolo. I bagni di Livorno e il conte di Virtù.
— Coco. Rivoluzione di Napoli. Camposanto di Cagliari. Medio Evo
d'Italia. — Pasolini. I tiranni di Romagna e i papi del medioevo, etc.
En tout 10 vol.

848. Michelet. Histoire romaine du moyen-age, moderne, et de la France.
— Heeren. Storia antica. — Bossuet. Histoire universelle. — Schiller.
Opere storiche, etc. 13 vol. in-12 et in 16. La plus part reliés.

849. Lot de 8 vol. parmis lesquelles. — Gnecchi. Guida numismatica. 1886.
Guida di Venezia 1721, avec les armoiries des familles ducales, etc.

850. Lot de 5 vol. Bazancourt. Le Mexique contemporaine. — Laugel.
Études scientifique. — Minghetti. Economia pubblica; Stato e
Chiesa. — Curci. La Chiesa d'Italia.

VI.

Beaux-Arts; archéologie; numismatique: anecdotique; dialects; voyages; mélange historico-littéraire.

851. Hilaire le Gai. Petit trésor de poésie récreative. Un million d'enigmes. Un million de plaisenteries. Un million de bêtises. Paris 1848-50, 4 vol. in-32: d. p.

852. Choix d'anecdotes anciennes et modernes recuillies des meilleurs auteurs. Paris 1800, 3 vol. in-24; d. p.

853. Storia pittorica dell'Italia. Milano 1831, 12 vol. in-16.

854. Comédiana, ou recueil choisi d'anecdotes, bons mots des comédiens et reparties spiritnelles de bonhomie et naïveté du parterre. Paris 1801, avec une gravure. — Biévriana, ou jeux de mots de M. de Biévre. Paris, avec portrait. — Arlequiniana, ou les bons mots les histoires plaisantes et agréables recuillies des conversations d'Arlequin. Paris 1694 avec une figure, 3 t. en 1 vol. in-12; d. p.

855. Lot de 5 volumes in-12 contenant épigrammes, satyres, proverbes, beaux mots, fantaisies d'auteurs différents.

856. Cartari. Le imagini degli Dei degli antichi. Venezia 1567. — Apuleio. L'asino d'oro translato da Angelo Fiorenzuola. — Gioia. Nuovo galateo. — Young. Le notti. 5 vol. in-8 et 16: d. p.

857. Varillas. Les anecdotes de Florence, ou histoire secrète de la maison des Médicis. La Haye 1689, in-12: d. p.

858. Nouveau recueil des épigrammatistes françois anciens et modernes. Amsterd. 1720, 2 vol. in-12, avant-titre gravé: bas.

859. Gli umoristi: Fr. Rabelais, Montaigne, Swifte, Sydney, Smith, etc. Milano Daelli 1865. In-16.

860. Bertellius Pet. Diversarum nationum habitus centum et quatuor iconibus diligenter express. Patavii 1594, petit in-8; d. p.

861. Lyrics Italian and other Poems. London, 1830, in-16: toile.

862. Meli. Poesie siciliane anacreontiche. Mil. 1820. — Brofferio. Canzoni piemontesi. Torino 1868, en 1 vol. in-16: d. p.

863. Duplessis G. et Bouchel H. Dictionnaire des marques et monogrammes des graveurs. Paris 1886, 3 p. in-16.

864. Monselet Ch. Portrait après décès. Paris 1866, in-18.

865. Duclos. Oeuvres, précédées d'une étude sur sa vie et ses oeuvres par le comte L. Clément de Ris. Paris 1855, in-18.

866. Huber (Francis). Observations on the natural history of Bees. London 1841. in-8, avec pl.: toile.

867. Cellini B. Vita. Torino 1852. Droze. Del bello nelle arti. Dizionario storico portatile degli ordini militari e religiosi. 3 vol. in-16; d. p.

868. Boulier Aug. Il d'aletto e le canzoni popolari della Sardegna. — Spano G. Proverbi sardi. Cagliari 1866-71 en 1 vol. in-16; d. p.

869. James Costantin. Guide pratique aux eaux minérales françaises et étrangères. Paris 1861, in-16, fig.: d. mar.

870. Jacquemart. Les merveilles de la céramique. Paris Hachette 1866, 2 t. en 1 vol. in-8, fig.; d. p.

871. Sansay. La verrerie depuis les temps plus reculés jusqu'à nos jours. Paris 1869, in-18, fig. — Graesse Th. Guide de l'amateur de porcellaines et de poteries; collection complète de marques, etc. Dresda 1873, in-16: 2 t. en 1 vol.; d. p.

872. Viardot. Les merveilles de la peinture et de la sculpture. — Lefèvre. Les merveilles de l'architecture. Paris 1870. 1 vol. in-18. fig.

873. Picozzi Ant. Raccolta completa dei versi milanesi ed italiani. Milano 1871 78. 5 vol. in 16.

874. Heuzey (Ferdinand). Curiosités de la Cité de Paris; hist. étymologique de ses rues; recherches archéologiques. Paris 1864, in-12, non rogné, demi-rel. tête dor.

875. La Fontaine. Contes et nouvelles en vers. Amsterdam 1762. 2 vol. in-8, tr. dor. mar.

> Edition dite des *Fermiers-généraux* avec portraits par Ficquet, figures d'Eisen, culs-de-lampe par Choffart. Exemplaire à très grandes marges (18 cent.) avec des témoins. La reliure du tome 2.e est fatiguée aux coins. La feuille des pages 303-304 du 2.e vol. manque d'un petit morceau sur la marge latérale, par défaut d'origine du papier. Quelques tâches pouvant très bien se laver.

876. Audin (J. M.). Histoire de Léon X et de son siècle. Paris 1851. 2 vol. in-12; d. rel.

877. Boccaccio (Giov.). Decamerone. Londra, Pickering, 1825. 3 vol. in-8; toile.

878. Ferrando (Thomas). Cent lettres latines avec traduction italienne: 2 parties en 1 vol. petit in-4: veau chagr. tr. dor.

> La 1.re partie est de ff. 35 et la 2.me de ff. 39 à 25 lignes par page et avec la signature. Petit volume, sans aucun titre, qui commence à la première page par les mots: *Franciscus Vicecomes Mediolani* etc., et finit au dernier verso de la 71 feuille par les mots: *Solo Thomaso Ferrando bressano imitatione.*
>
> Brunet désigne sous le titre: *Epistolae selectae* une édition (qui même ne porte aucun titre) de 2 parties en 1 vol. de 36 à 40 ff. à 35 lig. sans reel. ni signature. Notre exemplaire est de 71 feuilles et a la signature *A-E* pour le texte latin et *a-e* pour la traduction. Par faute d'impression la feuille 51.ème est au lieu de la 15.ème et la numération des lettres de ces feuilles en est par conséquent erronée.

879. Mongeri (Gias.). L'arte in Milano. Edizione figurata. Milano 1872, in-8.

880. Boulanger. Oeuvres philosophiques. — Daon. De l'énergie de la matière. Prix de la justice et de l'humanité. — Saint-Simon et Fournier. Études. Amsterd., Paris, etc. 5 vol. in 16; d. p.

881. Young. Ginnastica elementare. — Carmine. Trattato di box-libera. 2 vol. in-8.

882. Ticozzi. Storia della pittura italiana. Milano 1835, in 8.

883. Zanotti. Trattato teorico pratico di prospettiva. Milano 1825 in-8 avec tables. — Manuels de perspective et de miniature. Paris 1826. 2 vol. in-12. En tout 3 vol.: d. p.

884. Vartomans (Ludovico) von Bolonia. Die ritterlich und lobwürdig Reisz des gestrengen und über all ander Weyt. Strasburg, durch Joann. Knobloch 1516, in-4. Nombreuses et curieuses vignettes sur bois relatives aux voyages dans l'Egypte, la Syrie, l'Arabie, la Perse l'Inde et l'Ethiopie.

885. Bandello. Novelle. Londra 1791-93. 9 vol. petit in-8 avec portr.: non rogné, demi-rel. tête dor.

886. Delizie delli Eruditi Bibliofili italiani. Firenze, Molini 1863-64 (5 li‑ vraisons). in-16: non rogné

887. Renouard (Ant. Aug). Annales de l'Imprimeries des Alde. Paris 1825, 3 vol. in-8. non rogné; demi-rel. tête dor.

888. Biblia Sacra vulgatae editions. Venetiis 1706, in-4 avec de jolies vignettes sur bois; parch.

889. Baroffio A. Della invasione francese nella Svizzera. Paesi e terre del Canton Ticino. Lugano 1873-79. 3 vol. in-8.

890. Ridolfi Carlo. Vite degli illustri pittori veneti e dello stato. Padova 1835, 2 vol. in-8 avec portrait: d. p.

891. Massarani T. L'arte a Parigi. Roma 1879, in-8.

892. Soster Bart. Considerazioni filosofiche sull'odierna riforma nell'inse‑ gnamento pubblico della pittura. Milano 1856. in-8.

893. Lot de 16 pièces en divers dialects: poesie milanesi, piemontesi, sarde, ginevrine, marchegiane. côrse etc.

894. Milizia. Principi di architettura civile. Seconda edizione per cura del dott. L. Masieri. Milano 1847, in-8 avec portrait et 36 pl.; d. p.

895. Ticozzi S. Dizionario degli architetti, scultori, pittori, ecc. Milano 1830-33, 4 vol. in-8.

896. Rezzonico conte Gastone Della Torre. Discorsi accademici dedicati a S. A. R. il duca di Parma. Parma (Bodoni) 1793, in-8. orné de 4 belles gravures en t. d. par *Bossi*.

897. Leonardo da Vinci. Trattato della pittura. Milano 1804, 2 t. en 1 vol. in 8; d. p.

898. Pouilet. Éléments de physique expérimentale et de météorologie. Paris 1853; 1 vol. in-8 de texte et 1 de planches: d. p.

899. De Ayala Fra. Giov. Istruzioni al pittor cristiano, ristretto da L. Nap. Cittadella. — Soster Bart. Principi tradizionali delle arti figurative: 2 vol. in-8.

900. Varchi Storia Fiorentina, 2 t. en 1 vol. — Ferrini. Compendio della storia Toscana. — Bellarmati. Il primo libro delle storie sanesi. En tout 3 vol. in-16.

901. Pecchio. Storia dell'economia pubblica in Italia. — Scialoia. Economia sociale. — De Cesare C. La Germania moderna ed altri scritti vari. 2 vol. in-8; d. p.

902. Labarre (Louis). Antoine Wiertz. Bruxelles 1867, in-8.

903. Orcurti (Pier-Camillo). Catalogo illustrato dei Monumenti Egizii del R. Museo di Torino. Torino 1852, in-8 avec pl. non rogné demi-rel. tête dor.

904. Remigio Fiorentino. Considerationi civili sopra l'historie di M. Fr. Guic‑ ciardini ed altri. Venezia Zenaro 1584 in 4.

905. Gregorovius (Ferdinand). Geschichte der Stadt Rom in Mittelalter, vom V bis zu XVI Jahrhundert. Stuttgard 1869. 9 vol. in-8 non rogné, demi-rel. tête dor.

906. King (C. W.). Antique gems: their origin, uses and value. etc., with hints to gem collectors. London 1860, in-8, fig. cart.

907. Leonard (Mr.). Poésies pastorales, suivies de la voix de la nature, et d'autres pièces. A Genève et à Paris 1771, in-8 avec vignettes demi-rel.

908. Lettre d'Alcibiade à Glycère, bouquetière d'Athènes, suivie d'une lettre de Vénus à Paris, d'une épitre à la maitresse que j'aurai. Genève et à Paris chez Jorry 1764, in-8. non rogné, demi-rel. tête dor.

909. Labus (Giov.). Museo Worslejano. Milano, Class. in-8 avec pl. ; non rogné, demi-rel. tête dor.

910. Jameson M.rs The History of Our Lords as exemplified in works of art, continued and completed by lady Eastlake. London 1865. 2 vol. in-8 fig. toile.

911. — idem. Sacred and Legendary Art. London 1866. 2 vol. in-8 fig.; toile.

912. Bollettino della Società geografica italiana. 1868-73 10 vol. in-8, non rognés, demi-rel. tête dor.

913. Universo (l'). Venezia 1836 etc. 5 vol. in-8 avec grand nombre de planches; d. p. (ces 5 vol. comprennent l'Egypte ancienne, l'Italie, la Grèce, la Perse et l'Allemagne).

914. Paganel C. Storia di Giuseppe II imperatore di Germania. Versione con note di G. Barbieri. Milano 1843, in-8.

915. Pope Aless. Saggio sull'uomo; epistole trad. da Michele Leoni. Parma Bodoni 1819: d. p.

916. Lot de biographies et notices sur la vie et les ouvres de Raphaël, le Titien, le Guercin, Léonard de Vinci, François Paciotto; 4 vol. in-8 et 16: d. p.

917. Monti V.: Pindémonte 1pp: Grossi Tom.: Opere, 3 vol. in-8: d. p.

918. Ellero P. Scritti politici. Bologna 1876, 2 vol. Critica criminale. Venezia 1860. Questione sociale. Bologna 1867. En tout 3 vol. in-8.

919. Macchiavelli Nic. Opere varie. Milano 1850. 2 gros vol. in-8; d. p.

920. Malte-Brun. Nuovo dizionario geografico portatile. Venezia 1827, in-4: d. p.

921. Foscolo U. Le grazie. I sepolcri. Ultime lettere di Jacopo Ortis. — Pecchio. Vita di U. Foscolo. — Corio Lod. Rivelazioni storiche intorno ad U. Foscolo. 6 vol. in-8, et in-16.

922. Müller G. Storia universale. Trad. da G. Barbieri. Mil. 1820, 6 vol. in-8.

923. Arnauld F. L'Italie. Paris 1864. 2 vol. in-8.

924. Robertson. Ricerche storiche sull'India antica. Milano 1827, 2 vol. in-8 avec tables.

925. Varchi B. Storia fiorentina edita da M. Sartorio. Milano 1845. 2 vol. in-8.

926. Fénélon. Les aventures de Télémaque fils d'Ulisse. Venise 1768, in-4 avec vignettes en t. d.; non rogné: cart.

927. Cattaneo C. Alcuni scritti. Mil. 1846. 3 t. en 2 vol. in-8: d. p.

928. Morbio C. Storie de Municipi italiani: Milano, Firenze, Novara, Faenza, Piacenza: Codice Visconteo-Sforzesco. Milano 1837-46. 8 vol. in-8: d. p.

929. Romani Fel. Opere raccolte e pubblicate a cura di sua moglie Emilia Branca, precedute da cenni biografici e anedotici. Torino 1882-84, 6 vol. in-8.

930. Remigio (M.) Orationi militari, con gli argomenti. Vinegia, Gabriele Giolito de Fer. 1558. in-4. Reliure ancienne en peau noire réduite, avec armoiries.

931. Azeglio (Massimo d'). La politique et le droit chrétien au point de vue de la question italienne. Paris 1860. in-8.

932. Giornale Ligustico di Archeologia, storia e belle arti, fondato e diretto da Belgrano e Neri. Genova 1874-75 in-8; rel.

933. Bianchi (Nicomede). Storia documentata della diplomazia europea in Italia dall'anno 1814 all'anno 1861. Torino 1865-72. 7 vol. in-8. non rogné, demi rel. tête dor.

934. Lot de dissertations numismatiques en latin par Brackenhoffer, Ant. Gropper, Lud. De Biel, Seb. Kaiser, Ant. Weilhamer. 8 vol. fig.

935. Giornale (Nuovo) Botanico italiano, pubblicato da Odoardo Beccari. Firenze, Pellas, 1869-71. 3 vol. in-8 fig., non rogné, demi rel. tête dor.

936. Rosmini Serbati Ant. Storia compartiva e critica dei sistemi intorno al principio della morale. Milano 1837, in-8; d. p.

937. Miscellanea di storia italiana edita per cura della R. Deputazione di storia patria. Torino 1872 (t. I.er) Bologna 1870-76. En tout 2 vol. in-8.

938. Carutti D. Il Conte Umberto I Biancamano e il re Arduino. Roma 1884. in-8.

939. Byron G. Opere precedute da un saggio intorno al genio e al carattere del medesimo. Napoli 1886, in-8.

940. Cecchetti Bart. La repubblica di Venezia e la corte di Roma nei rapporti della religione. Venezia 1874. 2 vol. in-8.

941. Melzi. Dizionario delle opere anonime e pseudonime. Milano 1863. 2 vol. in-4.

942. Fabi Massimo. Corografia d'Italia, ossia gran dizionario storico-geografico-statistico delle città, borghi, ecc. Milano 1854, 3 vol. in-8: d. p.

943. Selvatico P. Sulla architettura e sulla scultura di Venezia. Venezia 1847, in-8.

944. Bertolotti. Artisti belgi e olandesi a Roma nei secoli XVI e XVII. Firenze 1880 in-16. — Artisti subalpini a Roma nei secoli XV, XVI, XVIII. Mantova 1884, in-8.

945. Vico G. B. Dell'unico principio e dell'unico fine dell'universo diritto. Opera trad. dal latino da Costanzo Giani. Milano 1855, gros vol. in-8.

946. Alphabet de caractères arabes écrit sur papier de soie avec encadrements en or et en couleur. In-8.

947. Kuo G. Saggio di un corso di lingua cinese. Napoli 1872. — Conte en langue chinoise. 2 vol. in-8.

948. Trois traités en langue japonaise sur la culture des vers à soie, in-8 avec gran nombre de figures.

949. Carte géographique du Japon publiée à Yeddo en 1867.

950. Dante e Petrarca. Mémoires diverses et notices sur Dante publiés en occasion de l'exposition Dantesque à Florence en 1865. — Mémoires bibliographiques et historiques sur le Petrarche. En 2 vol. in-8; d. p.

951. Sismondi (de) S. De la littérature du midi de l'Europe. Bruxelles 1837. 2 vol. in-8; d. p.

952. Cents traités sur les connaissances les plus indispensables. Paris 1848. 2 gros vol. in-8 enrichis d'un grand nombre de figures: d. p.

953. Epistolaire: lettere di Andrea Bonaparte e di Vinc. da Filicaia a Lod. Ant. Muratori, ecc. 7 opuscules en 1 vol. in-8; d. parch.

954. Zanoli. Sulla milizia cisalpino-italiana, cenni storico-statistici dal 1796 al 1814. Milano 1845. 2 vol. in-4 avec pl.

955. Morbio. Francia e Italia ossia i manoscritti francesi delle nostre biblioteche con studi di storia, letteratura ed arte italiana. Milano 1873. in-8.

956. Sacchi Fed. Notizie pittoriche cremonesi. Cremona 1872, in-8.

957. Portraits d'artistes dessinés par L. Aureli, lithographiés par Angiolini. 120 planches in-8. Cart.

958. Pozzuolo (Ant. M.). Sonetti Acrostici. Centuria 1ª e 2ª. Ginevra 1766-92. 2 vol. in-4, avec portr.; parch.

959. Moses (Enrico). Raccolta di vasi antichi, altari, patere, tripodi, candelabri, sarcofagi, ecc. pubblicati in 170 tavole. Nuova edizione collle tavole intagliate da G. L. Milano 1824, in-8, demi rel. tête dor.

960. Napoléon III. Histoire de Jules César. Paris, Plon, 1865. 2 vol. grand in-8, et atlas, in-fol.; d. rel. tête d.

961. De Boni. Biografia degli artisti, ovvero dizionario della vita e delle opere dei pittori, ecc. Seconda edizione. Venezia 1852, in-8; d. p.

962. Winkelmann. Storia delle arti e del disegno presso gli antichi. Roma, Pagliarini 1783. 3 vol. in-4 avec portraits et planches; d. parch.

963. La Grecia. Usi e costumi, storia, leggi, religioni, milizia dai più remoti tempi fino ai nostri giorni. Milano 1856 gros vol. in-4 avec grand nombre de planches en noir et en couleur et gravures dans le texte; d. p.

964. Locke M. Essai philosophique concernant l'entendement du monde, trad. de l'anglais par P. Coste. Amsterd. 1755, in-4 avec portrait; d. p.

965. Beneyton (Ch. A.). Chroniques, contes et légendes. Paris 1854, in-8 demi-rel.

966. Pericle. Dell'influenza delle belle arti sulla pubblica felicità. Traduz. dal francese di Francesco Daroni. Genova 1813, in-4; mar. tr. dor.

967. Decaisne (J.) Le Jardin fruitier du Muséum ou Iconographie de toutes les espèces et variétés d'arbres fruitiers, etc. Paris Didot 1858-60, 3 vol. in-4. fig. coloriées; demi-rel. tr. dor.

968. Brambilla Giov. Aless. Storia delle scoperte fisico medico anatomico-chirurgiche fatte dagli uomini illustri italiani. Milano 1780, 3 t. en 1 vol. in-4 avec portrait; d. p.

969. Shackspeare. Œuvres complètes, traduction novelle par Benj. Laroche; ed. illustrée par Deghouy sur dessins de F. Barrias. Paris 184..., 2 t. en 1 gros vol. in-4 fig.; d. p.

970. Lesne Daloin. Les rois de Frances. Mémoires du card. Dubois. — Challamel Aug. Histoire de Napoléon. — Mythologie. Paris 1851-54, 1 t. en 3 vol., in-4 fig.; d. p.

971. Anquetil L. P. Histoire de France; ed. illustrée et 260 gravures. Paris 1853, in-4, fig.; d. p.

972. Hume D. Histoire d'Angleterre; ed. illustrée. Paris 1854, 3 t. en 1 vol. in-4; d. p.

973. Rousseau J. J. Oeuvres illustrées. Paris 1861, in-4, fig.; d. p.

974. Bugatti Gaet. Daniel secundum editionem LXX interpretum, syriace edidit, latine vertit. Mediol. 1788 in-4; texte syriaque-latin; d. p.

975. Pope Alex. Essai sur l'homme. Trad. française en prose par M. S.***; nouvelle édition avec l'original anglais. Lausanne 1762, in-4 avec portrait de l'auteur et de Charles Frédéric Margrave de Baden et cinq belles gravures dans le texte; d. p.

976. Galleria Biblica, ossia serie di 90 incisioni in acciaio tolte da celebri quadri con illustrazioni storico-artistiche. Firenze, Torino 1842, 2 vol. in-8, fig.; d. p.

977. Zanotti (Giampietro). Storia dell'Accademia Clementina di Bologna. Bologna 1739. 2 vol. in-4; parch.

978. Punch. Journal illustré anglais. Nouvelle serie 1841-42 à 1873-74. London 17 gros vol. grand in-8 avec nombreuses figures; toile, tr. dorées.

979. Venuti (Ab. Ridolfino) cortonese. Accurata e succinta descrizione

topografica delle Antichità di Roma. Roma 1803, 2 vol. in-4, avec nombr. planches, non rogné. demi-rel.

980. Ramusio (Gio. Batt.) Primo volume e 2.a edizione delle Navigationi et Viaggi. Venetia, Giunti 1554. 2.o vol. id. 1583. 3.° vol. id. 1556; 3 vol. in-4 avec cartes; demi-rel.

Exemplaire avec témoins; le 3.e vol. à les marges plus rognés que les deux autres.

981. Daviller. Viaggio in Spagna, illustrato da oltre 300 disegni di G. Doré. Milano Treves, 1874, in-4, fig.; d. p.

982. Tasso. La Gerusalemma liberata con la vita del medesimo e colle annotazioni di Scip. Gentili e di G. Guastavini. Urbino 1725 in-fol. avec les gravures par Tempesta; bas.

983. Coronelli Vinc. M. Cronologia universale che serve di prodromo ai XXXXV volumi della Biblioteca. Venezia 1707, in-fol. avec cartes et portraits; parch.

984. Alfieri V. Tragedie, illustrate da G. Gonini. Milano, Sonzogno 1870, in-4, fig.: d. p.

985. Gnomonica. Frassi G. Manuale pratico per la costruzione degli orologi solari a tempo medio di Roma. Milano 1870, in-8, avec atlas de 10 photographies et 2 autres opuscules du même auteur.

986. Tasso (lo) Napoletano, zoè la Gierosalemme liberata votata a llengua nosta da Gabriele Fasano. Napole 1689, in-4, fig. à 2 colonnes, avec la texte italien en regard; bas.

987. Ariosto Lud. Orlando Furioso secondo l'edizione del 1852 per cura di Ott. Morali. Milano, Pirotta 1818, in-fol. papier vergé avec portrait, non rogné; d. p.

988. Coster (Ch. de). La légende d'Ulenspiegel. Paris 1868, in-4, avec 14 eaux-fortes, non rogné; demi-rel. tête dor.

989. Ortelius Abram. Thesaurus geographicus recognitus et auctus. Antuerpiae ex off. Plantiniana 1596, in-fol. frontispice fig.; bas.

990. Petrarca. Le Rime. Edizione pubblicata per opera e studio dell'Ab. Antonio Marsand. Padova 1819-20, 2 vol. in-4, fig. avec portrait, non rogné; mar.; tête dor.

Très bel exemplaire en grand papier.

991. Galerie des peintres. Paris, Didot. 1844-46. 12 vol. in-4. fig., non rogné, t. dor; d. rel.

992. Marco Aurelio Ol. Nemesiano. Il Cynegeticon. ossia il libro *De venatione* volgarizzato da L. Francesco Valdrighi. Modena 1876, in-4.

993. Monumenti sepolcrali della Toscana disegnati da Vinc. Gorrini. incisi da G. P. Lasinio, sotto la direzione di P. Benvenuti e L. De Chambray Digny. Firenze 1850, in-fol. avec 47 planches.

994. Ferrero a Labriano Fr. M. Augustae regiaeque Sabaudae domus arbor gentilitia Victori Amedeo II. D. D. D. Aug. Taurinorum 1702. In-fol. avec portraits dessinés par F. I. D. Lange; d. p.

995. Liverati cav. E. E. Ritratti e biografie di trentasei scienziati viventi. Firenze 1842 avec portraits en lithographie, in-fol.

996. Alighieri Dante. La divina Commedia. Parma. coi tipi Bodoniani 1796. 3 t. en 1 vol. in-fol., non rogné; parch.

997. Marolles (M. de) abé de Villeloin. Tableaux du Temple des Muses tirez du Cabinet de feu M. Favereau. Paris, L'Anglois, 1655. in-fol. avec avant-titre et 58 pl.; demi rel.

998. Conciliatore (Il). Foglio scentifico letterario. Milano 1818. (118 numéros, in-folio).

Journal écrit par Silvio Pellico.

999. Boldetti Marco Ant. Osservazioni sopra i cimiteri de' santi martiri e antichi cristiani di Roma. Roma, Salvioni, 1720, in-fol. avec figures; bas.

1000. Van Loon Ger. Histoire métallique des Pays Bas depuis Charles V jusqu'à 1716. La Haye 1732. 5 vol. in-fol. fig. avec portrait et avant-titres gravés; bas.

1001. Collezione di Classici italiani. Pisa. Tip. della società Letteraria. — Dante. La divina Commedia 1804-09. 4 vol. — Tasso. Gerusalemme liberata 1807, 2 vol. — Ariosto. Orlando furioso 1809, 4 vol. — Petrarca. Rime 1805. 2 vol. — Ariosto. Satire 1809. 1 vol. — Boccaccio 1816, 4 vol. — Tassoni. 1 vol. — En tout 10 vol. in-fol.
Exemplaires en grand papier portant le n. XXXV sig. marchese Grimaldi della Pietra. Portraits par R. Morghen: non rogné; demi-rel. tête dor.

1002. Thorwaldsen. Intera collezione di tutte le Opere inventate e scolpite dal Cav. Alberto Thorwaldsen, incisa a contorni con illustrazioni del chiarissimo Abate Missirini; dedicata a S. E. Rodolfo Conte di Lützov. Roma 1831. 2 tomes en 1 vol. in folio, demi rel.

1003. Viviani Nicolò. Ero e Leandro. Poema. Parma, coi tipi Bodoniani, in-fol. 1794: d. p., non rogné.

1004. Tasso Torquato. Aminta, favola boschereccia ora alla sua vera lezione ridotta. Crisopoli, coi tipi Bodoniani, 1798, in-fol., non rogné, d. mar.

1005. Vehse Ed. Storia dell'incivilimento esposta in tavole cronologiche. Milano 1841, 21 pl. in-fol. max.

1006. Memorie storiche genealogiche di varie famiglie illustri italiane; Archinto, Acquaviva, Simonetta, Rusconi, etc. Fascicules in fol. avec planches.

1007. Tasso T. Aminta, favola boschereccia. Crisopoli 1793. — Viviani N. Ero e Leandro. Parma. Bodoni, 1794. En 1 vol. grand in-fol.; d. p

1008. Monti V. Il Bardo della Selva Nera. Parma, Bodoni, 1806, grand in fol., non rogné; d. p.

1009. Bossi G. Il Cenacolo di Leonardo da Vinci. Milano, stamperia reale, 1810. grand in-fol. avec portrait et planches; d. p.

1010. Temple (Le) des Muses orné de LX tableaux où sont représentés les événements les plus remarquables de l'Antiquité fabuleuse, dessinés et gravés par B. Picart le Romain et autres habiles maîtres. Amsterdam 1733, in-fol., veau; tr. dor.

1011. De Guignes. Dictionnaire Chinois, français et latin, publié d'après l'ordre de S. M. l'Empereur et Roi Napoléon le Grand. Paris, Imprimerie Imp., 1813. de pag. 1111; grand in-fol.; demi rel.

1012. Righetti (Pietro). Descrizione del Campidoglio. Roma 1833-36. 2 vol. in-fol., non rogné. demi rel., tête dor.

1013. Parini (Giuseppe). Opere pubblicate ed illustrate da Fr. Reina. Milano 1801-04. 6 vol. in-4 avec portrait. mar.
Exemplaire en grand papier avec des bordures autour des pages.

1014. Benois N., Resanoff A., Krakau A). Monographie de la cathédrale d'Orvieto. Paris. Morel. 1877. in fol., planches gravées et coloriées. d. mar. rouge: tête dor.

1015. Boucher. L'Oeuvre de Boucher reproduit par E. Wattier d'après la gravure des dessins originaux. Paris, Morel: album de planches, in-fol.

1016. Coronelli p. Vinc. M. Atlante Veneto, nel quale si contiene la descrizione dell'universo. etc. Venetia 1690. 2 t. con appendice della geografia sacra. En 1 vol. grand in-fol.: d. parch.

1017. Litta Pompeo. Famiglie celebri d'Italia. Milano 1819 et suiv. 13 vol. grand in-fol. papier vergé, avec grand nombre de grav. en noir et en couleur; non rogné, magnifique rel. en mar. avec cordons.

1018. Wood (Roberto). Les ruines de Palmyre autrement dite Tedmor au desert. Londres 1753, grand in-fol. avec 57 pl. demi rel. tr. dor.

1019. Lièvre (Ed.). Works of Art in collections of England. London, Holloway and son, grand in-fol., non rogné, demi-rel, tête dor. Edition de 500 exempl.

1020. Major (T.) graveur de S. M. Britannique. Les ruines de Paestum, ou de Posidonie dans la Grande Grèce, trad. de l'Anglais. Londres 1868, grand in-fol. avec planches; non rogné, demi-rel.

1021. Galleria Riccardiana dipinta da Luca Giordano, pubbl. da M. Francesco Riccardi Vernaccia, incisa da Lisinio figlio su disegni di V. Gozzini sotto la direzione del Cav. Pietro Benvenuti. Firenze. Piatti 1822. grand in-fol. non rogné, demi-rel.

1022 Zanotti (Giampietro). Le pitture di Pellegrino Tibaldi e di Nicolò Abbati esistenti nell'Istituto di Bologna descritte ed illustrate. Venezia 1756 in-fol. avec portraits, et pl.: non rogné, demi-rel.

1023. Hildebrandt. Aquarelle, auf seiner Reiser um die Erde nach der Natur aufgenommen in Egypten, Indien, China, Japan, Maxilla, Amerika, etc. etc. Chromo-facsimiles von R. Steinbock. Berlin, Vagner in-fol. (en porte-feuille).

1024. Raffaello (Il). Rivista d'Arte. Urbino anno VI al XII (1875-80). Les prémiers cinq annies in-fol. et les autres in-8 reliées en 4 vol.; d. t.

1025. Lot de 32 livres et opuscules sur les beaux-arts et notices sur la vie d'artistes italiens.

1026. Lot de catalogues d'autographes et de gravures, dont plusieurs avec les prix marqués.

1027. Lot de catalogues de livres idem., idem.

1028. Lot de catalogues d'objets de beaux-arts, tableaux, objets divers.

1029. Lot de 60 livres scolastiques: dictionnaires, grammaires, extraits, mathématique, géographie, exemplaires de calligraphie, etc.

1030. Sous ce numéro seront vendus les articles omis dans le présent catalogue.

Omissa et errata quaedam sic corrigenda:

Autographes	N.°	18.	— 4 pièces.
»	»	212.	— Voyez la planche.
»	»	253.	— Voyez le fac-similé.
»	»	273.	— **Gouverneurs.**
»	»	324.	— Voyez le fac-similé.
»	»	439.	— ...guillottiné...
»	»	440.	— ...d'avoir fait battre...
»	»	556.	— Capponi marq. Gino; chef du parti constitutionnel...
»	»	853.	— Voyez le fac-similé.
»	»	1001.	— Voyez la planche.
Livres	»	14.	Blanc.
»	»	581.	— Schweitzer.
»	»	455.	— Caucich.

TABLE

—

PLANCHES
ET
FAC-SIMILÉS

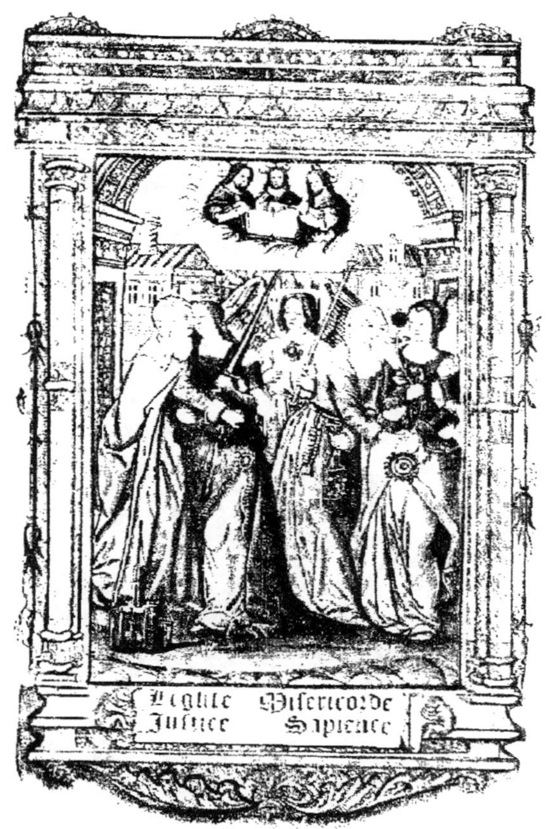

L'eglise Misericorde
Justice Sapience

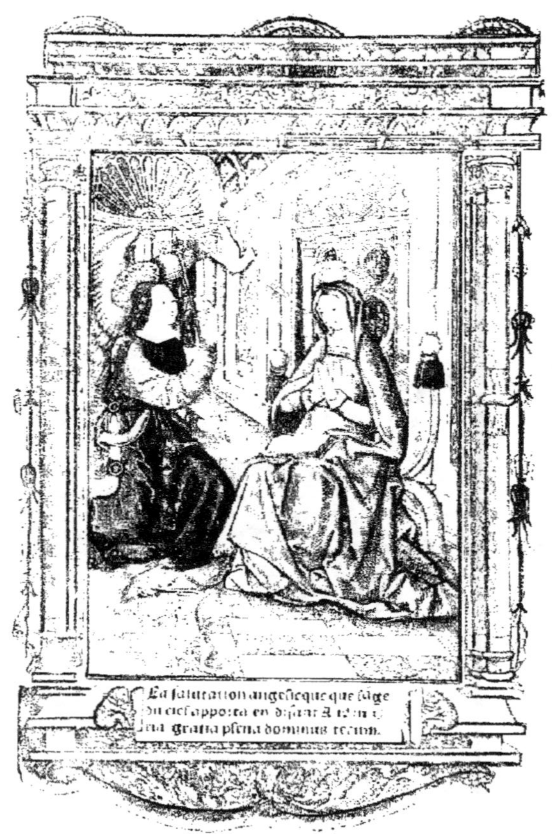

La salutation angelicque que sage
du ciel apporta en disant Aue m
ria gratia plena dominus tecum.

Imitatione la confessione

Togliam'a me un volgo io già mi pento
Di quel diletto che al suo moto arde
E col dolor, che de mie colpe io sento
La crudeltà in me di tante offese
L'oblia la peccata che a ciò piace
Dell'ore tante che l'vario peccato accusa
Onde quel obietto che quel timor dileanza
Nel suo diurno amor sufficiente et croce

Torq. Tasso

20. mars 1810.

Sire

J'arrive à l'instant, et j'ai la douleur de
trouver Votre Majesté partie pour Compiègne.
Désirant d'aller mettre à vos pieds mes hommages
je la prie de me faire donner ses ordres.
je serois arrivé ce matin, mais voyageant

après beaucoup de ..... j'ai ....

....

Je suis de votre Majesté

Sire

le très humble
et très affectionné frère

Paris le 20 7bre   Jérôme Napoléon
..... 1860

1089/
A. C.

20. 8bre - 35

Eccomi pronto a tener parola dietro la mia di Sabbato. —

Prima charitas, poi charitatis — Rispondessi benissimo a fabbricatore dicendo la verità le Duemila franchi, ed ora ti espongo cosa vuole, o cosa ha coraggio di voler fare: — L'anno scorso comperò da Barbèja la proprietà in Napoli di tutti gli spartiti, e due anni prima egli ti spedì Sancia — ora da Como vorrebbe per la rabbia di avermi fatto deporre in Polizia il Passiero falso, attaccarmi di Ladro per la Sancia sudd.ª, dicendo che Barbèja allora non già ha ceduta una giusta proprietà. — Egli mi fa delitto del biglietto che ti inviai, cioè che stampandola ne desiderava la dedica a major, mentre si parla in voler attestati, non capisce che in Napoli niuno gli contrasta la proprietà e me esercita i suoi pieni diritti persino su tutte le opere scritte per Barbèja dal 1815: — Dopo ciò vorrebbe far caso a Barbèja di averlo ingannato, quando egli stesso fu che la spedì a lui tre anni prima della compera di detta proprietà; adducendo di non saperne nulla da una parte, cioè, d'ignorarne la spedizione nel momento che comperò, e di forse poi accusa o a me, o a Barbèja accusandosi egli stesso speditore tre anni prima del contratto: Da ciò dipinsi quanto stupido e Birbante, poiché citato dal Prefetto di Polizia disse esser vero che ne avea garantito sul suo onore

Di me farne duplice copia, non però due soltanto intendeva non
farne duplice copia per Parigi ... alla qual cosa il Prefetto
stesso ... e disse "Se tu invece le spedisci ad avessi
di là andava a Parigi: — Fortuna volle che in Parigi
feci molti pezzi nuovi, e molti ne aggiunsi e così,
il libro cangiato, e la musica nuova furono testimoni
di loro bricconata, e di mia innocenza . —
E chi mi fece questo? Quale Agrippa che si portava via quella
musica che usciva da casa mia, copiava gra' spartiti
vecchi che aveano, ad ogni istante per guadagnarne
ora con placia impertervità giunse ausome forte duplice
copia per falsificarne, come giusa avea dritto giu=
ramente a me di non farne due copie, e le
vada al med. Ed il med. dice avere comperato
per I. carlino og figlio ... — Cosa meritavan costoro,
pure mille volte che il sol. deposito; ma, se più vanno
servando e compromettermi, e ta, e me, e Bartoja per
le loro infamie allora perderò la pazienza! —
Di ciò bogta ... —— Veniamo al Charitas Jorn.
Sono ben felice di potere in Milano date di ultimo attestat
di mia amicizia all'ombra del povero Bellini ed
quale per quattro volte mi trovai a scriver, ed gu
volta viggiù la nostra religione li Avinzeron.

Già io stesso mi era qui esibito perché alla filarmonica si
facesse cosa che attestasse il comun dolore... La partenza
di un istigatore lasciò la cosa soppressa... Doveva ora
battere una messa al Conservatorio, e di già l'avea
cominciata, ma la esecuzione avendo luogo in
Dicembre, mi impediva di dirigerla, e me ne
doleva... Tutto ciò ch'io preparava era
annullato dal destino, che mi avea fissato
per Milano, e ben felice di progresso
non sto che in aspettativa dei bei versi del Chierij
o fino Maffei, che avrà doppio soggetto a piangere
cioè la morte di un amico, e l'unione dei fiori
versi alla mia musica... Io la notte a Parma,
ma un attestato d'amicizia al mio Bellini n'avrei
tutto... — Gerard ti scriverà sul resto delle commissioni
musicali che mi hai date. Ti prego di non intensa
sollecitudine che il tempo è per me preziosissimo. Ben definiti
i soggetti, l'orchestra, il numero di cori, e di comparsi.
Già che non trovi cosa d'utile che la letteratura è eterna.
Scrivere a te, che kedremi sarà in compagnia ai primi di
gli... cercai il permesso, alla fine partirò? Se mi è noto a
conciliar la cosa colla mania sfrenata sto, se no rallentarmi
Sollevarlemi, fratelli amici... il to ...ti

Pregiatissima Signora,

Quanto mi parrebbe amaro il disubbidire, e pur troppo impossibile
l'abbidire a un desiderio che in qualunque circostanza sarebbe stato
un comando per me, e che nella circostanza speciale aveva pur
qualche cosa di spero e di solenne, Ella ha dovuto comprenderlo
ieri. Il pensar di poi al modo di fare ciò di ch'Ella ha avuto la
somma bontà di dire da me, non è riuscito che a rendermene
più evidente e più dolorosa l'impossibilità. La cognizione (secondo ai
al luogo ch'io spero di assicurarla della mia buona volontà, il
ripeterle che fo questa mia ragioni) la cognizione diretta e immediata
del soggetto che si vuol trattare è, com'Ella ben sa, la condizione
indispensabile per trattarlo con coscientemente se non degnamente
E il pubblico, d'accordo colla origine delle cose, richiede pure una
tal condizione. Io conosco nel poeta ch'Ella ha tanto voglia di
piangere l'uomo insigne per ingegno e per cuore, modesto agl

onori, dignitoso nella vita privata, integerrimo, benefico, adorato
da una famiglia degna di lui, parissimo agli amici, venerato
da tutti; ma lo conosco come il pubblico medesimo lo conosce,
per quella testimonianza che i loro merito da' di sé anche a chi
non lo può osservar di frequente e da vicino. Quei caratteri speciali
che il merito ha in ogni individuo, e che son quelli appunto che
portano il pregio d'esser descritti, io non li potrei conoscere che
per relazione. E come il mezzo principale per adempire questo
nobile e grato uffizio mi sarebbe mancato, così ognuno avrebbe
ragion di domandar perché io me lo fossi assunto, a preferenza
di parenti e d'amici altri per ogni verso ad adempirlo degnamente; ognuno avrebbe ragion di credere, quello di che è ridicola
vanità perfin le persone; ch'io mi credessi abile a descrivere ciò che
altri conosce meglio di me —

si degni accogliere con quella troppo buona sua [indulgenza] l'espressioni
della mia viva ed umile riconoscenza, per la troppo cortese
opinione che l'indulgenza sua le ha fatto conceppir di me, e
si degni pure assicurarmi il diritto che da questa mia ricevo
di dirmele, come ho l'onor di fare col più profondo ossequio

Di casa, 20 febbraio 1835

Devotissimo umilissimo servitore
Alessandro Manzoni

www.ingramcontent.com/pod-product-compliance
Lightning Source LLC
LaVergne TN
LVHW021828170726
843503LV00003B/875